脱ダムから緑の国へ

藤田恵 著

緑風出版

時代が必要とする人

藤田恵さんと初めて会ったのは十年ほど前の長良川である。当時、日本のマスメディアの耳目は長良川河口堰の反対運動に集まっていた。全国の自然保護運動に関連した団体も当然ここに来る。国内各地の環境報告がここでなされ、その中で一番人気を集めたのは木頭村《きとうそん》の細川内《ほそごうち》ダムである。どこも同じような深刻な問題を抱えていたのだが、訥々として喋る藤田さんの話がとても明るく、面白かったからである。日本の役所で最大の予算を持つ建設省（現、国土交通省）が、いかに金の暴力で小さな自治体を踏みつぶすかということをわれわれは知った。

当時、全国の自然保護運動の中で明るい話題は一つもなかった。建設省の圧力は日本の司法にまでおよび、自然保護に関して住民側から起こされた訴訟はすべて却下、または敗訴であった。裁判官で住民側に軍配を上げる者は一生出世ができず、地方裁判所のどさ回りで終わるといわれていた。それはたぶん本当だっただろう。そういう暗い絶望的なムードの中で、木頭村からの報告はただ一つ痛快なものであった。それは藤田さんのとぼけた人柄のせいでもある。藤田村長が言う。

野田知佑さんからのメッセージ

「私の村では国の費用でダム反対闘争をやっております」

長良川の川原を埋めた参加者がドッとわく。

東京の国会周辺での藤田さんの話題も見事だった。ダムに関連する国会議員たちの説得、根回しを始め、首都圏での集会に行くと必ず藤田さんの姿があった。こうして木頭村の名は有名になっていった。二〇〇〇年に自民党の幹部が、日本の行政史上初めて細川内ダム建設の中止を宣言した。木頭村の全国的な知名度や人気、そこにダム建設を強行することの効果の有無などを計算し、ダム中止に踏み切ったものだと思われる。

その後、長野県知事の田中康夫氏による「脱ダム宣言」など、五十年しかもたないダムよりも、山の木を増やし、緑のダムをという考えが主流になりつつあるが、その先陣を切ったのは藤田さんたちであった。

藤田恵さんがこれまで書いた数冊の本の目次を見ていると、一人の人間の人生の軌跡が読み取れて興味深い。それまでＮＴＴの職員や某新聞の特約記者をやっていた人間が、五十代になってダム反対闘争を柱とした生まれ故郷の山村、木頭村の村長になる。

木頭村というのは徳島県西部の人口一千八百の山村の村だ。村を貫流する那賀川は四国でも一、二を争う清流だが、ここにはすでに三つのダムがある。木頭村の下流のこれら三つのダムを抱える町村は、ダムが引き起こす様々な災害に悩まされていた。

「ダムで栄えた村はない」「清流を子孫に残そう」の言葉を旗印に木頭村は頑張った。国内のあちこちでダム建設に反対した町村が県や国の権力の前に分裂させられ、押しつぶされている。ダムに反対すれば、国土交通省、その地域を動かす建設業者、県庁などの圧力がある。木頭村も例によって、まず県庁からの財政圧迫があった。当然来てしかるべき村の予算が、まわりの町村のそれと比べて半分から三分の一に減らされた。当時、木頭村に行くと村内を走る生活道路がボロボロで驚いたものだ。そこはどうせ水没予定地であるという理由で、国が補修費を出さなかったからである。

様々な陰険な圧力をはねのけ、木頭村は約三十年間、村をあげて闘った。その運動の中心となって東奔西走して活躍したのが藤田さんであった。

その後、村長職の激務を離れた藤田さんは、好きな釣りをし、悠々自適の生活をしているはずであった。しかし、全国各地のダム闘争、小さな地方自治体が国家権力とどう闘うか、その闘い方を教えてもらいたいという人たちの来訪、その他諸々の問題が藤田さんのところに持ち込まれ、多忙を極めている。暇になったらあちこちの川をカヌーで下ったり、沢歩きをして思う存分アマゴ釣りをしたいね、などといっていたが、どうもその日は当分来そうもない。

時代は藤田さんのような人間を必要としているのである。

藤田さん、大変でしょうが、もう一働きしてください。

カヌーイスト
野田知佑

目次

まえがき

木頭村《きとうそん》は、徳島で吉野川に続く第二の長流・那賀川《なか》の最上流部にあります。源流近くの山林にかこまれ、また、その両岸に寄り添うようにして集落が点在する。それが木頭村であり、私の生まれ故郷です。

この村の村長にと、立候補を要請されたのは一九九三年の春。人権派の弁護士になるべく、五十一歳で司法試験に初挑戦して以来、三度目の受験を控えていた時でした。

当時、村政は混乱を極めていました。

建設省（現、国土交通省）が村中心部から上流にかけて計画していた細川内《ほそごうち》ダム計画で、村は二十年以上にもわたり、翻弄されていました。三木申三徳島県知事（一九九三年当時）に改めてもちかけられたダム建設計画に対し、木頭村議会は、幾度目かの白紙撤回要求を決議しました。しかし、その決議書を県に届けるはずだった村議が提出することなく隠し持っていたことが後に発覚。住民はこの村議にリコールを突きつけ、村長は辞表を出し雲隠れしました。これは、歴代村長が見せてきた表向き「ダム建設反対」と裏腹で、実は「ダム建設」カードで県から土木工事を引き出してきた村政のツケが一気に吹き出した形でした。

一方で、人々の心は、ダム建設で自然環境が破壊されるよりも先に荒廃させられていました。ダムができるぞと脅かされ続けた水没予定地の住民は、家の改築もままならず、建設の賛否を巡り、親戚同士や近隣住民同士で、長年、気まずい思いを抱いていました。ダム計画は、ダムができる前から、地域社会を破壊する人権問題だったのです。

火事場のような村長選挙の泥沼に飛び込むか、当時勤めていたNTTで仕事を続けるか、非常に悩みましたが、それまで取り組んできた問題から目を背けることはできませんでした。一九九三年四月、ダム容認派が候補者を出せなかったため、私は無投票で勝利し、二十七年ぶりに村長として故郷へ戻りました。闘いはむしろ、そこから始まりました。

この本は、その闘いの最中、一九九七年十月から二〇〇〇年四月まで東京新聞の『本音のコラム』に連載の機会をいただき掲載された文書を一冊にまとめたものです。当時、建設省は、亀井静香建設大臣（当時）の英断により「一時休止」状態ではありましたが、全国でも国の巨大なダム事業が中止になったケースはそれまでになく、全く信頼も油断もできない時代でした。

そんな折り、徳島から遠く離れた首都圏で広く読まれている東京新聞での掲載の機会をいただくことは、立法、行政、司法に続く「第四権」と言われる報道の力を借りて、村の孤立を防ぎ、ペンの力で国や県の有形・無形の圧力から村を守る手段を手にしたようなものでした。人口二千人の小さな村が、国と県を敵に回してダムを跳ね返すために、それがどれだけ大きな力

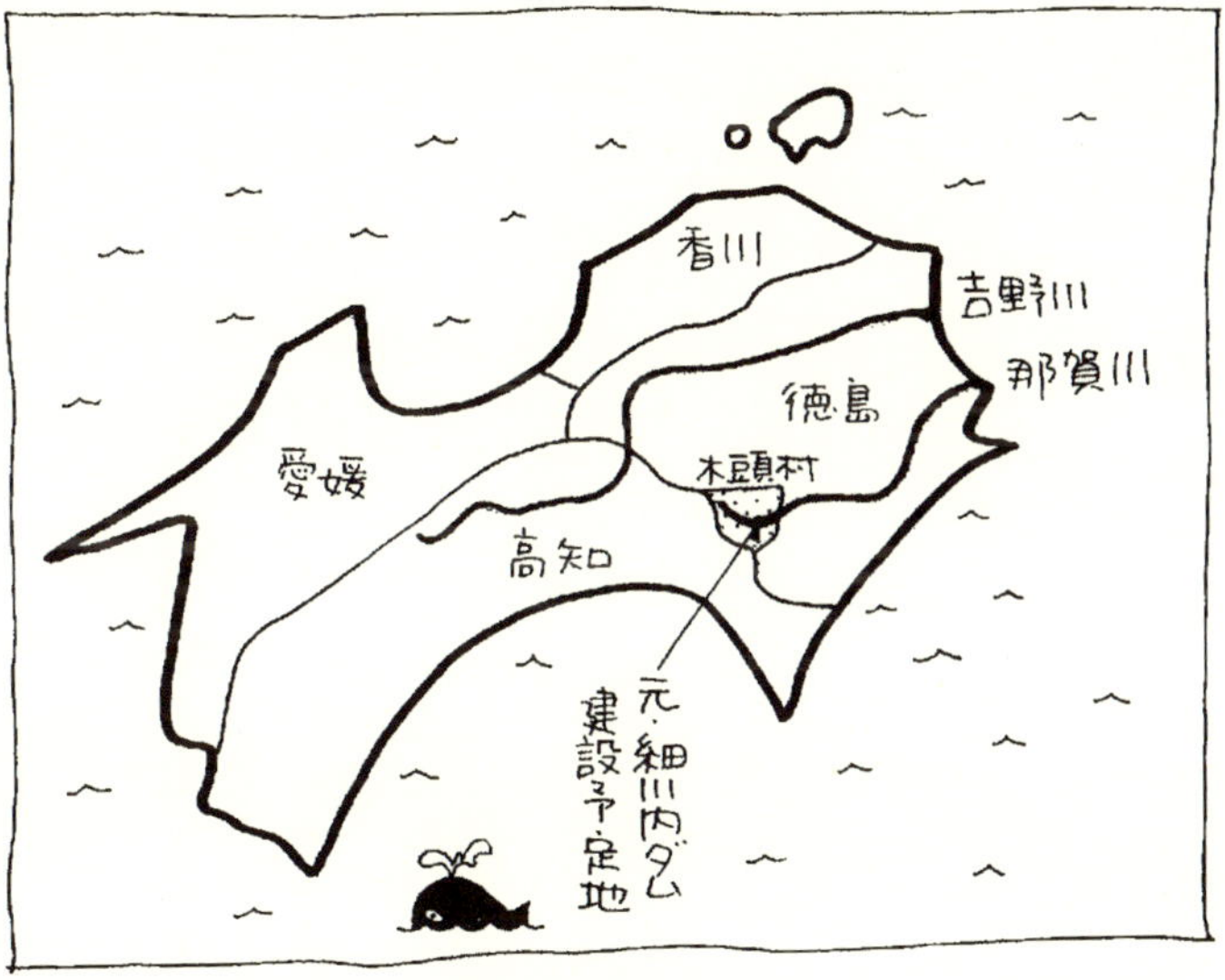

徳島県木頭村

となったか、知るよしもありません。感謝をするばかりです。

長野県の田中康夫知事の「脱ダム宣言」、熊本県の潮谷義子知事の「荒瀬ダム撤去」と、新しい時代に突入はしましたが、無駄な公共事業はまだまだ後を絶ちません。木頭村に私が村長として残した軌跡、村政の傍らで書きつづったことが、今改めて、この本を通して、どこかで誰かの踏み台やヒントとなり、お役に立てば幸いです。

第一章　国に村が刃向かうには

日本初のダム審を

一九九五年から建設省（現、国土交通省。以下同）は、ダム事業等の評価システムの試行として、長期に問題となっているダムや堰の計画の妥当性などの事業評価を透明性、客観性を確保しながら行うとして、「ダム事業等審議委員会」を試行してきました（表1および巻末資料1参照）。

住民の意見を聞き、中止、変更、継続を判断するとしていますが、私は当初から(1)ダムを強引に推進してきた建設省主導で、本当に中止も含めて審議ができるのか(2)法的根拠もないことや、中止も含むのに、推進している工事事務所を置いたままの矛盾(3)委員の推薦を知事に委ねる、ことなどから(4)推進のお墨付き機関になりかねない——として委員入りを断りました。そのため、全国に予定された十三カ所（後に十四カ所となった）のうち、細川内《ほそごうち》ダム審議委員会はまだ設置されていません。それ以外の十二カ所で設置済みですが、ダムの専門家が一人もいないところもあり、推進の答申が出されたところが多く、ほとんど私が予想した通りの審議委員会になっています。

しかし、一九九七年四月からの徳島県知事と私との会談で(1)細川内ダム事務所を撤去する(2)委員の半数を私が推薦する、など八項目の要望に対し、知事はほぼ私の要望に沿った理解を示され、八月六日に審議委員会設置の方向性を確認したところ、八月二十六日に亀井建設大臣

表1　ダム等事業審議委員会が設置された事業と現況

事業名	ダム審の答申など	その後の状況（2004年4月現在）
細川内ダム（徳島）	木頭村が参加に応じず、未設置	1997年に一時休止、2001年度から中止
宇奈月ダム（富山）	推進	2000年度に完成
矢作川河口堰（愛知）	休止	2001年度に中止
小川原湖総合開発（青森）	小川原湖の淡水計画は撤回、治水事業は継続、利水は代替案を検討	2002年11月の東北地方整備局事業評価監視委員会で中止が決定（むつ小川原開発の破綻により、水道、工業用水、土地改良事業とも撤退を表明の後）。
沙流川総合開発（北海道）	二風谷ダム推進、平取ダム見直し	2002年7月、沙流川河川整備計画策定の際、住民の反対を押し切って治水ダムとして平取ダムを盛り込んだ（二風谷ダムは1997年度完成、平取ダムは調査中。苫東開発破綻で工業用水目的が不要となり多目的ダムとして成り立たないはずが、二風谷ダムの利水事業と一体で進められた）。
高梁川総合開発（岡山）	推進	2003年度に中止
紀伊丹生川ダム（和歌山）	推進	2003年度に中止
渡瀬遊水池総合開発II期事業	中止	2003年度に中止
足羽川ダム（福井）	足羽川にダムは必要だが、現計画は不適当	2002年5月から開催の九頭竜流域委員会で、当初計画に代わり、部子川ダム計画が審議される。福井県、福井市は利水を撤回。
川辺川ダム（熊本）	推進	本体工事は未着工のまま硬直、利水事業は違法判決
吉野川第十堰（徳島）	推進	住民投票で白紙。徳島県知事・徳島市長が「可動堰以外」と2004年4月に相次いで表明
徳山ダム（岐阜）	推進	工事中・訴訟中
苫田ダム（岡山）	推進	工事中・訴訟中
成瀬ダム（秋田）	推進	調査中

「水源開発問題全国連絡会2003年度総会資料」より作成

（当時）も「細川内ダム計画の一九九八年度予算はゼロにし、一時休止する」と異例の決断を下されました（巻末資料2参照）。

人口二千人の小さな村が、国の巨大ダムに約三十年間も反対し、審議委員の半数を村が推薦して、白紙から審議することになるのは、日本の行政史上かつてないことだと全国から注目されています。

これからは、学識者を中心に幅広く審議委員を要請するなど、日本で初の公共事業見直しのモデルケースとなる審議委員会を目指しますので、全国的なご支援をお願いします。

（一九九七年十月四日）

ダム審にNGOを

建設省が木頭村に計画している細川内ダム計画は、一九九七年八月に亀井建設大臣（当時）が「一時休止」を決断したため、一九九七年度に四億円だった同ダム計画の一九九八年度予算は計上されず、ダム審議委員会に必要とされる四千万円のみが閣議決定されています。

これは、一九九七年六月の徳島県知事との会談で、私の方から審議委員会設置の条件として出した⑴細川内ダム事務所を撤去する⑵委員の半数を私が推薦する、などの八項目に対し、徳島県知事がほぼこの要求に沿った理解を示した結果です。

しかし、委員構成をめぐり審議委員会設置は一九九七年から持ち越しとなりました。壁は、知事が主張している那賀川流域市町村の首長または議員から選ぶという、行政委員四人の扱いです。当初から私の要求である委員の半数を、とにかく私の推薦とすればよいのですが、学識委員と行政委員に分けてと持ち出すから問題なのです。

「ダムにこだわらず流域全体の治水、利水、環境を審議するのだから、流域住民代表は不可欠。それは首長か議員」という知事の主張はもっともらしく聞こえますが疑問です。なぜなら、知事は「ダムは科学的、客観的な審議が必要」と言いいますが、半数もの政治家が委員に座ると、ダムは大きな利権がからむことからも、科学的、客観的な審議より業者の圧力などで政治的に推進の議論に向かうことはほぼ確実だからです。

また、「細川内ダム計画の中止」を公約に当選した私に「ダム推進の首長や議員を推薦しなさい。そしてダム審議委員会に入りなさい」と、こんなことが通用するのでしょうか。私の妥協案である「流域から二人のNGOなど水問題に詳しい委員を選ぶ」という案は、県内外から圧倒的な支持が得られると考えるのですがいかがでしょうか。

（一九九八年一月十日）

ダム審に慎重な理由

ダム審議委員会は、全国の十三カ所のうち、木頭村の細川内ダム計画を除く十二カ所で設置されましたが、ほとんど推進の答申が出され、私が予想したとおり「ダム推進のお墨付き機関」

になっています。

現在ただ一カ所、徳島県の吉野川第十堰審議委員会（一七頁表1参照）が開かれていますが、「透明性、客観性を確保して地域の意見を聞く」とした、当初のふれこみとは相当かけ離れた審議委員会になっているようです。

一九九五年十月から今月まで、十二回開かれたこの「審議委員会」のうち十一回のほとんどは、約二百五十年間も立派に役立ってきた「現在の石積みの固定堰は危険だから取り壊し、下流に長良川河口堰（ダム）よりも大きい河口堰を建設する。環境に影響はない」とする建設省の説明を一方的に聞き、有力委員がオウム返しのように、「可動堰がベスト」と発言するという繰り返しに終始してきました。

可動堰の建設に反対の立場の市民と討論したのは、私も傍聴した十二回目の審議委員会が初めてでした。もちろん、委員がさまざまな論点に対して、自ら調査をし互いに討論する、という実質的な審議委員会には全くなっていないと言っても過言ではありません。

私は現在、「細川内ダム計画」を前提としない、「那賀川を総合的に審議する審議委員会」に加わるよう知事から要請されています。

しかし、全国のダム・堰審議委員会では一番良い方だと言われている第十堰審議委員会がこの有り様ですから、慎重にならざるを得ないのです。

（一九九八年五月二十三日）

やはりお墨付き機関

徳島県の吉野川第十堰審議委員会（委員長、添田喬・徳島文理大学長）は一九九八年六月八日、現在の固定堰を取り除き、下流に長良川河口堰より大きい可動堰（ダム）を建設する建設省の計画に大半の委員が賛成する方向でまとまることになりました。

「事業評価を透明性、客観性を確保しながら行う」とした当初の目的とは相当かけ離れた審議委員会になっていることはこの欄にも書きましたが、その回を重ねるほど疑問が深まっていたのに、これをほとんど解明しないままの幕引きに「やっぱり推進のお墨付き機関だった」との声が大きくなっています。「なぜ可動堰でなければならないのか、環境の悪化はどうなるのか」などの素朴な疑問に答えていないからです。

計画に疑問を持つ委員からは、異論が出ています。「治水・利水優先から、河川環境の整備と保全を対等のレベルにした新河川法の理念が生かされていない。新河川法で河川整備基本方針と河川整備計画を策定中であるのに、旧河川法に基づく計画を現段階で容認するのは問題ではないか」、また、現在の固定堰の老朽化論に対しても「現地調査も行わず〝満身創痍《そうい》の欠陥構造物〟というイメージが恣意《しい》的に作り出されている。ボーリング調査などによる科学的データに基づく議論をおこせ」などの意見に対し、どう答えるのでしょうか。

計画推進に積極的な委員は「環境への影響」について、建設省が設置した「第十堰環境調査委員会」の報告を鵜呑《うの》みにするかのように「予測は信頼出来る。環境が悪化するというふうにとらえる必要はない」との意見を出されています。そのうえ、「長良川の環境変化は予想の範囲内」とも発言されていますが、長良川では河口堰の建設後、ヤマトシジミは全滅、アユ漁は年間九百トン前後から昨年は三百八十トンに激減している実態をご存じなのでしょうか。

（一九九八年六月十三日）

徳島は〝先進地〟

参議院選挙は大方の予想を覆して、民主党を中心に野党勢力が大躍進し、少し明るい兆しとなってまいりましたが、徳島でも無所属の新人女性が当選し〝政治先進地〟として面目を保ちました。

「細川内ダムを造らなければ、那賀川の下流の阿南市は砂漠になる」などと、何の根拠も無いのに盛んに細川内ダム計画の推進に加担していた自民党公認候補が、私を除く県内の全市町村長が推薦していたにもかかわらず、大差で落選しました。橋本首相や自民党の大物と言われる人達が、続々と徳島へ応援に駆けつけていましたが、そのたびに自民党票が減っていたと分析する人もいます。

結果は、徳島の二大政治課題・細川内ダム計画と吉野川第十堰計画に批判的な故三木武夫元総理の長女で、無所属の高橋紀世子さんが初当選しました。

徳島県での反自民党票は選挙区六十四％、比例区七十％と、全国平均の選挙区七十％、比例区七十五％と比べても遜色はありません。かつての徳島は衆議院議員五人、参議院議員二人の計七人の国会議員のうち、自民党六人という時代もあり、保守王国のうえ一九七〇年代には金権選挙の発祥地として全国的に知られたこともあり、政治後進県のレッテルが貼られていました。しかし、一九九六年十月の衆議院議員選挙で、三選挙区のうち二選挙区で民主党と無所属が当選し、自民党の大物・元徳島県知事と元徳島市長が枕を並べて落選していますから、今回の参議院議員選挙は当然の結果です。

これで現在、徳島の国会議員は六人のうち民主党や無所属が四人、自民党はわずか二人となり、昔流に言えば完全に保革逆転が実現しております。

全国的に徳島のような状況になれば、政治は大きく変わることは確実です。近いと言われている解散総選挙が待ち遠しいところです。

（一九九八年七月十八日）

時代が動く住民投票

河川事業としては全国で初めて、計画の賛否について住民投票条例の制定を求める署名活動が、一九九八年十一月二日から徳島市で始まりました。建設省が吉野川へ長良川河口堰より大きい河口堰（ダム）を造るという第十堰計画の妥当性などについて、透明性、客観性を確保しながら住民の意見を聞くとした、第十堰審議委員会（委員長、添田喬・徳島文理大学長）が審議不十分のまま一九九八年七月に「計画は妥当」との結論を出したり、県議会や市議会などでも「推進決議」をしているが、住民の意思が十分反映されていない。「直接賛否を投票で」というのがこの署名の目的です。

署名を始められた「第十堰住民投票の会」代表世話人の姫野雅義さんに署名集めが始まる直前の十月三十日に、徳島市の中心部にある同会事務所でお会いしました。事務所には、大学生やサラリーマン、主婦、ご年配の方などが自主的にお集まりになり、電話の受け付けやパソコンを何台も使って名簿を作ったりで、まるで有力な国会議員の選挙事務所のようなにぎわいにびっくりしました。選挙の時は「支持はするが商売上、名前は出さないように」などと言われそうな商店経営者や、建設関係の業者の事務所までが、署名のできる場所（受任者）になっているのには、確実に時代が動いていると実感させられました。

「審議委員会は、批判的立場の市民と討論したのはたったの一回だけ。専門家の意見も、ほとんど建設省の意見を聞くだけだった。署名活動は賛成でも反対でもなく条例を制定するためで、賛成か反対かは、住民投票で有権者が決めるもの」というのが姫野さんたちの主張です。必要な署名数は四千二百人分（有権者の五十分の一以上）なのに、署名を集める人（受任者）だけでも約八千人とのことですから、目標の七万人分は確実だと言われています。

（一九九八年十一月七日）

十二万人の署名

「時代が動く住民投票」と題して、建設省の吉野川第十堰可動化の計画の賛否について、住民投票条例の制定を求める署名活動が、河川事業としては全国で初めて徳島市で始まったことを取り上げました。

その中で、目標の有権者の三分の一（必要数は五十分の一）の七万人分は確実だと書きましたが、何と予想を大幅に上回る十万一千五百三十五人もの署名が集まり、来年の一月には市長に条例の制定を求めて提出する準備が進んでいます。

しかし、河口堰は専門的だから素人には賛否の判断は無理だとか、住民の代表の首長や議会が賛成だから住民投票は不要だなどと、平気で発言する政治家がいますが納得できません。

私の知る限りでは、河口堰は専門的だから素人に分からないのではないようです。建設省の言う現在の固定堰は老朽化していて「満身創痍《そうい》の危険物だ」、川底の深掘れの原因となっている、せきあげ(注)を起こす、などの〝固定堰危険説〟より、これを否定する可動堰建設に批判的な専門家などの、調査報告や研究の方がはるかに説得力があるということなのです。

アインシュタインの一般相対性理論でさえ中学生用に書かれた本があるのに、毎年数億円も使いながら可動堰の必要性を大人に説明できないのは、もともと必要ないということにほかなりません。

首長や議会は住民の代表というのはそのとおりです。しかし、住民は首長や議会にすべての政治課題を無条件で負託しているわけではありません。莫大な建設費を要し、何百年間も環境や経済に大きく影響する河口堰などは、間接民主制の補完として直接住民が判断するのは当然のことでしょう。

（一九九八年十二月二十六日）

＊注　固定堰があるためにその体積分だけ水位が上がることを、建設省は「せきあげ」と称した。しかし、一方で、可動堰にした場合の橋脚などによる「せきあげ」については一切あきらかにせず、「せきあげ」危機説に説得力を失った。

信頼の回復を

建設省が徳島県の吉野川へ長良川河口堰より大きい河口堰（ダム）を造るという、第十堰計画の賛否を問う住民投票条例案を徳島市議会は一九九九年二月八日、賛成十六、反対二十二で否決しました。これで、行政側や条例案に反対派は、民意を代表している市議会の結論だから住民投票は必要ないとしています。

しかし、徳島市の有権者の四十八・八％、十万一千五百三十五人もの署名を集めて直接請求した「第十堰住民投票の会」は、住民投票をすべきかどうか、市民の結論はすでに出ており、この事実は消えません。空前の署名が集まりながら、それでもなお実現できない住民投票制度とは一体何か。議員を審判する機会は目前にある、と四月の統一選挙でより民意を反映できる市議を当選させるよう、会の運動を広げることにしています。

この第十堰の賛否をめぐって気になるのは、可動堰推進派の「洪水が起きたらだれが責任を取るのか」とか、「人命にかかわる問題は住民投票になじまない」などと、何としても可動堰を建設しようという短絡的で強引な姿勢です。

計画の妥当性などについて、透明性、客観性を確保しながら住民の意見を聞くとした、第十堰審議委員会（委員長、添田喬・徳島文理大学長）が審議不十分のまま一九九八年七月に「計画は妥当」との結論を出したり、県議会や市議会などでも「推進決議」をしたことは、住民の意思が十分反映されていないという「第十堰住民投票の会」の主張を署名が裏付けているのです。

百歩譲って洪水の危険性があるとしても、建設省は住民参加を盛り込んだ新河川法の施行を踏まえ、可動堰を強行するのではなく、現在の固定堰の改修や堤防の強化などの代替案も含め、真摯に再検討することこそ住民の信頼を回復する唯一の方法だと考えます。

（一九九九年二月十三日）

反ダムの報道に感謝

巨大ダム・「細川内ダム計画」の事業費等はここ数年は毎年四億円で、これまでに約五十億円も投じられてきましたが、計画は一九九七年に異例の「一時中止」となり、ダム工事事務所

週刊誌のグラビア撮影で那賀川の河原で村民と共に、著者中央（1997年）

も一九九八年三月三十一日に閉鎖され、一九九九年度予算もゼロになっています。これは全国的なご支援のおかげです。

これ以上ふる里をダムに沈めてはならないと村へ帰ってはや六年にもなります。行政経験もない私が、大きなダム問題の解決へ向けて努力したことの一つは、村が自治体としては全国でただ一カ所巨大ダムに反対する理由や、ダムのマイナス面などを広く知ってもらうことでした。

木頭村の那賀川の支流には、十五メートル未満の砂防ダムが数百基あると言われていますが、ほとんどがあまり人が行かない源流部に造られるため、こんなにも多く村内に建設されている砂防ダムを、自分の目で確かめられた村民は限られているようです。身近な砂防ダムでさえこんな調子ですから、巨大ダムは都市部から遠く、あまり目立たない上流の山間部に造られることが多く、それだけにまず広く知ってもらうことが重要です。

おかげで約六年間、地方紙はもちろんのこと主要な日刊紙も、細川内ダム計画に関連した多くの特集記事などで報道していただき、そのスクラップも保管しきれないくらいです。テレビも何回もの長時間番組での放送や、生放送番組にもほとんどのテレビ局に呼んでいただきました。主要な月刊誌や週刊誌、業界紙にも大きな記事や、カラーのグラビアなどにも掲載していただいたほどです。

最近はスポーツや宗教関係の雑誌なども取材が相次ぎ、あらゆる媒体でダムの功罪を広く知っていただけることにとても感謝しています。

（一九九九年二月二十七日）

住民投票より木頭村

「住民投票して反対が過半数になれば、ただちに計画を中止する」。関谷勝嗣建設大臣は一九九九年四月二十七日、閣議後の記者会見で徳島県の吉野川第十堰計画をめぐり、こう発言されています。当然とはいえ、またしても建設省トップの英断です。

これは、第十堰審議委員会が審議不十分のまま一九九八年七月に「計画は妥当」と結論を出したり、県議会や市議会などでも「推進決議」をしたため「住民の意思が十分反映されていな

木頭村役場に掛かっていたダム反対のシンボル

い」として計画の賛否を問う住民投票条例の制定を求める署名活動を「第十堰住民投票の会」（姫野雅義代表世話人）がしたところ、徳島市の有権者の約半数の十万人以上の署名が集まったのに、市議会で条例案が否決されたため、同会などから今回の市議選に立候補して多数が当選し、条例案賛成議員が反対議員を上回り逆転したことに対する発言です。

また、関谷建設大臣は一九九九年一月二十八日の衆議院予算委員会で、ダム等審議委員会の委員の人選を県知事にゆだねることに関連し「その事業を必要と考える人だと、そういう（必要という）考えの人を委員に選びかねない。（今後は）違った形で委員選任をする必要がある」と、私のこれまでの主張と全く同じ内容の答弁をされています。

木頭村に国が計画する巨大ダム・「細川内ダム計画」は、約三十年間も村民・議会・首長が反対の結果、一九九七年六月「住民を代表する村長が『待った』をかけている以上、それを客観的に受け止め（白紙に戻さ）ねばならない」と亀井建設大臣（当時）の白紙発言の英断で、事実上中止の一時休止となり、工事事務所も廃止されました。

住民投票よりもはるかに重い村民・議会・首長が一貫して反対している木頭村の村長に、二人の建設大臣が同調されているのですから、細川内ダム計画は直ちに中止してください。

（一九九九年五月一日）

話し合いとは

徳島県の吉野川に長良川河口堰より大きい河口堰（ダム）を造る計画の賛否を問う住民投票条例案を、徳島市議会は一九九九年二月の臨時議会で反対多数で否決しました。この結果に市民が奮起し、四月の統一選挙で、条例案賛成派市議が多数当選し、六月議会では賛成多数で条例案が可決されました。

この住民投票条例について、第十堰住民投票の会の代表者と建設省の担当者とのテレビ討論が二十日に放映されました。住民投票が法を踏まえた市民の意思表示であり、話し合いの入り口、という住民投票の会代表者の主張に対し、建設省の担当者は、住民投票は劇薬でしこりを残す、話し合いによる住民参加という漢方薬で解決を、と強調されていました。

住民参加と言われても、あくまで河口堰（ダム）計画は推進するというのですから、この住民参加とは河口堰計画の説得に従うためのものであることは明らかです。はたしてこんなものが住民参加などと言えるのでしょうか。また、建設省の担当者は、反対者ばかりの中へ一人で出かけていったが、これは話し合いではない、という旨の面白い発言をされておりました。私は細川内ダム計画について話し合いをせよといわれ、この六年間に何回となく話し合いをしてきましたが、私の周りは建設省などダム賛成者ばかりで、建設省の担当者がテレビで言われたとおりでした。

「第十河口堰（ダム）は建設します。話し合いの結果も中止はありません。さあ、河口堰を建設すべきかどうか、話し合いましょう」。皆さん、この文脈を日本語として理解できますか。第十河口堰（ダム）も細川内ダム計画も直ちに中止すべきです。計画は推進しながら住民参加だの話し合いだなどと言われても、徳島県では不信がますます広がるばかりです。

（一九九九年七月二十四日）

政治家が恥ずかしい

政治家の汚職や不祥事が、マスコミなどで取り上げられない日はありません。こんなことを書くと、何をいまさらと言われそうで、かえって本音派の私の方が気が引けて恥ずかしい思いがします。とうとうそれが、人口わずか二千人の私の村にもやってきました。

公約にダム反対をかかげながら、具体的行動を取らないばかりか、ダム反対の村の施策や、村内の女性が二十人ほど働いている、第三セクターの会社を「政治生命をかけてつぶす」と妨害し、住民運動を敵視してダム推進に加担した現職村議がいましたが、その村議へのリコール運動が、昨年の秋に始まっていました。この運動に村内の有権者の過半数を大きく上回る村民が賛同し、一九九七年三月にリコールが成立してその村議は失職しました。

ところが、リコール運動の先頭で熱心に活動した人が、リコールされたその元村議から、五月に名誉棄損で逆に訴えられたからたまりません。訴えは、リコール推進派のビラはウソであり、元村議が名誉棄損の被害を受けたから一千百万円を払えというものらしい。

しかし、ダム推進派の県知事から高級ホテルで接待を受けたという、ビラの内容は認めているというから、素人目にもリコール派に分のある裁判だといわれています。

そのうえ最高裁にも、公共の利害（この場合はダム反対）については、表現の自由が尊重され、ビラなどが公務員（元村議）の社会的評価を低下させても、主に公益を図るもので、ビラの主要な点が真実であれば、名誉棄損にはならない旨の判決があります。

一般の人については、多くの人にビラなどを配ると、その内容が真実かどうかや、現実に名誉が棄損されたかどうかに関係なく、名誉棄損になるとされています。しかし、政治家については、厳しい批判を許容した最高裁判決があることをこの際改めて指摘し、そのことを政治家の端くれとしても強く訴えたい。

（一九九七年十月二十五日）

ダム反対派が圧勝

任期満了による木頭村議会議員選挙が一九九九年一月二十四日に行われ、定員十人のところ、全国的にご支援をいただいている「ダムに頼らない村づくり」の推進などを村民に訴えた七人全員が当選し、いわゆるダム反対派の圧勝に終わりました。

私が一九九三年四月に巨大ダム・細川内ダム計画の中止を公約に当選してから、補欠選挙も含め、木頭村議会議員選挙は今回で四回目となりました。選挙によっては村外の大きな業界などから、何としても村内のダム賛成派議員を多く当選させるよう村内へ圧力をかけたなどと、マスコミに取り上げられたこともありました。しかし、どんなことがあっても「巨大ダムの時代ではなく、自然と共生の時代」と、村内から全国へ訴え続けたことが功を奏したのか、村内のダム賛成派の勢力はじり貧状態だと見られており、今回の選挙結果にも表れているようです。

その一つが、私の村政の基本「ダムに頼らない村づくり計画」に熱心に協力されている新人候補がトップ当選を果たしたことです。半面、一九九八年十二月議会で、私への不信任決議案に賛成した三人のうち一人は落選、当選した二人のうち一人は前回より大幅な得票減で最下位当選がやっとでした。

木頭村はこのようにダム問題という大きな政治課題を抱えており、どの選挙でも大半の有権者はダムを意識して選挙に臨んでいることは確かですが、選挙には地縁、血縁、その他の利害関係が働くことも当然考えられますので、ダム問題と選挙結果との因果関係については、いろいろな見方があるのは当然でしょう。

しかし今回の選挙結果は、全国的にも支持されている私の政治姿勢を是とする議員を当選させたいという多くの村民の願いが、トップ当選と最下位当選にもはっきり表れていると見るのが大勢のようです。

（一九九九年一月三十日）

環境読本

ドイツの法律学者のイエーリングは約百年も昔の著書『権利のための闘争』で、個人の権利も公的な権利も全ての権利は闘い取ったものであり、いつも権利を主張して闘い続けなければ、権利は反対に奪い取られる旨を説いています。

木頭村も約三十年間の細川内ダム計画反対闘争の集約として、村や村民の権利と義務を規定した「木頭村ふるさとの緑と清流を守る環境基本条例」（巻末資料3参照）と「木頭村ダム建設阻止条例」（巻末資料4参照）を一九九四年に制定しました。

二つの条例は自然環境を守りダムには依存しないという点で関連し、村の決意を込めて前文にその理念を格調高くうたい、環境権を明記していますが、この条例にはいずれも罰則規定はありません。

罰則での規制も否定はしませんが、重要なことは環境問題に対する教育だと思います。そこで村は、室蘭工業大学教授で『環境科学教授法の研究』（北海道大学図書刊行会）の大著の著者でもある教育学博士の丸山博先生のご指導で「環境読本」を作成することにしました。

丸山先生は木頭村の小・中学生のための環境読本を村内の先生方と作成する目的を「人口二千人足らずの村の抵抗で巨大ダム計画を止めたのは日本の行政史上初めてで、新たな歴史を切り開き、わが国の地方自治を一歩進めた。この読本の作成は木頭村の歴史や伝統文化を理解し、村民のダム反対運動の高い志を受け継ぎ、木頭村と世界の持続的発展を担う主体の形成と地域づくりの一環でもある。なぜなら、地域づくりは地域にアイデンティティーを見いだすことのできる人づくりだからである」と、意気込まれています（「環境読本」は丸山氏により二〇〇四年四月現在までに完成され、発表の準備中です）。

（二〇〇〇年四月二十九日）

第二章　ダムに頼らず

株式会社きとうむら

木頭村は人口わずか二千人の小さな村ですが、村民・議会・村長が三位一体で約三十年間も反対し続けた結果、一九九七年八月二十六日、亀井静香建設大臣（当時）が「細川内《ほそごうち》ダム計画の一九九八年度予算はゼロにして、一時休止する」との、建設省では異例の決断を下しました。

木頭村はこのダム計画で村を滅ぼされてはたまらないと、一九九六年から第三次村総合新興計画、いわゆる「ダムに頼らない村づくり計画」を進めています。その手始めとして若者の働き場の確保と農業と食品加工の相乗効果による「村おこし」をねらって、木頭村特産のユズや大豆からユズケーキ等を製造販売する第三セクターを設立しました。えぐみのない新品種の大豆が原料ですから、バターや牛乳などのショートケーキやカップケーキに比べ、繊維質が二十倍以上と多く、逆にカロリーは約三分の一と少ないのが特長で、自然食品・健康食品として人気が広がっています。そのうえ、昨年の米心臓病協会の会合で「女性の更年期障害には豆腐などに含まれる大豆タンパクが有効」と発表されており心強い製品です。

しかし、この三セク会社もこのままでは目的と裏腹に、ダム推進派に利用されそうです。それは、病院や生協などで製品はとても好評なのですが、資金もあまりなく全国的にも宣伝不足で売り上げが伸びず、会社は採算割れが続いているからです。ダム推進派はこれに付け込み、会社を潰して私のイメージダウンを図ろうと「村民を人質にする会社」などと悪質なデマ宣伝

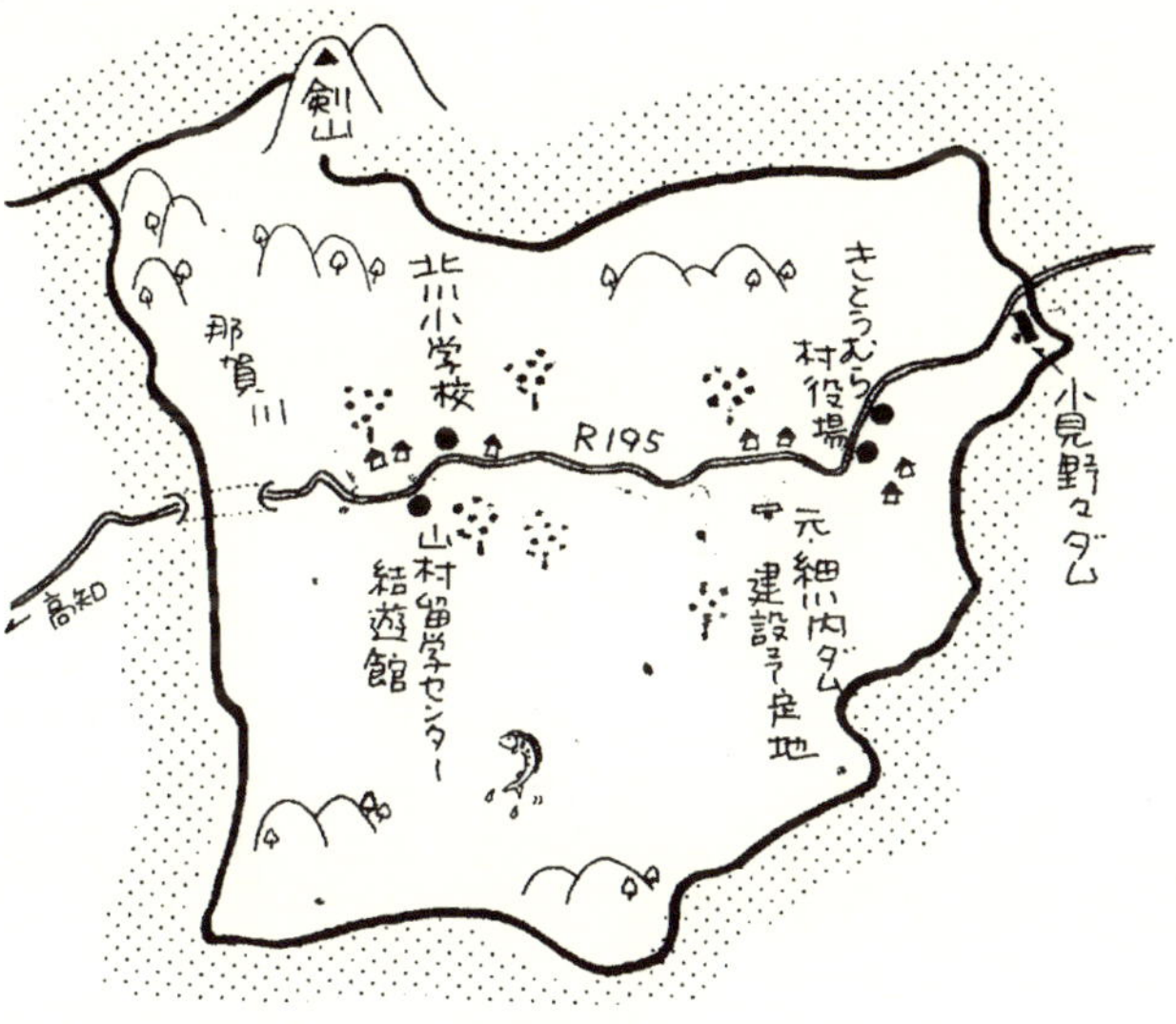

木頭村全図

を繰り返しています。村内の女性などが二十一人も働いているこの会社の社長でもある私は、一九九八年から「株式会社きとうむら」と社名も新しくして、日本で初めての「ダムに頼らない村づくりの会社」として全国に売り出す決意です。よいお年をお迎えください。

（一九九七年十二月二十七日）

決死の覚悟

「細川内ダム」は一九九八年八月に事実上中止の「一時休止」となりました。油断は禁物ですが全国的なご支援のお陰と感謝をしております。

差し迫る問題は「ダムに頼らない村づくり計画」・第三次木頭村総合振興計画に基づいて、過疎の克服や仕事おこしの一つの施策として一九九六年四月に設立した第三セクター「株式会社きとうむら」（木頭村特産の「ゆず」や「大豆」が原料の自然食品会社）の経営です。従業員を約半数に減らし、販売強化など経営努力はしておりますが赤字が累積し、社長の私もダム推進派に経営責任を追及される一方で、「政治生命をかけて『きとうむら』をつぶす」と脅されたりで、「ダムに頼らない村づくり」が、逆にダム復活に利用されると最悪です。

特に、木頭村議会選挙は来年の一月を目前にして、私の一貫した村政を支えて来られたダム絶対反対派の与党議員にもこの赤字の責任追及が及ぶと、ダム賛成派の思うツボです。少なくとも今年の十二月中に二千万円の資金調達と、販売の強化が緊急の課題です。しかし、三億円の負債と、約四千万円の累積赤字の会社ではどこの銀行も融資は限られています。そこで、個人的にお金を貸して頂く以外に資金調達の道はありません。

不要不急の公共事業が大問題となり日本の政変は目前です。全国でただ一カ所巨大ダムを拒否している木頭村政の行方は小さな木頭村だけの問題ではなく、日本全体の政治を左右し兼ねないとのご理解を頂きたいと存じます。私も微力ながら決死の覚悟で邁進しております。誠に心苦しいお願いですが一口五万円の融資をして頂き、ダムを造らせないよう全国の方にお願いします。

（一九九八年十一月十四日）

ご支援に感謝の涙

先月十四日付のこの欄で「決死の覚悟」と題して、ご協力をお願いしましたところ、「年金を節約して、毎月一口（五万円）送ります」「退院して、久しぶりにコラムを見たので二口協力します」などとのご支援が相次ぎ、私は毎日感謝をしながら涙を流しております。今月はご協力が東京を中心に全国的に拡大し、「株式会社きとうむら」の電話は鳴りっぱなしと言っても過言ではありません。

三億円の負債と、約四千万円の累積赤字を抱え、貴重なお金をお預かりしても、今のところ返済の目処も立たないのに、これほど多くの皆様からご賛同が頂けるとは予想もしておりませんでした。経営難のため九月から従業員も約半数に減らし、若い女性が一人で受付などの事務をしており、ご送金を頂きました方への対応などが遅くなり誠に申し訳なく、心からお詫《わ》びを申し上げます。急遽パートを一人増員し懸命に対応をしていますのでしばらくご容赦下さい。

三十年ほど昔、子どもの頃の貧しい生活が忘れられないと、一円のお金も無駄にしなかった親しい倹約家から「四百四病の病より、貧ほど辛いものは無い」という諺をよく聞かされました。私はこの倹約家に「いくら金があっても病気では面白くない。金など無くても健康だったら何とかなる」と生意気な反論をしていましたが、「(株) きとうむら」の金策で一九九七年から足掛け二年ほど駆けずり回り、「金のないほど辛い事は無い」とつくづく思い知らされました。

皆様方からお預かりした貴重な浄財は有効に活用し、「(株)きとうむら」の安定経営はもとより、「ダムに頼らない村づくり計画」を着実に実行する所存です。ご支援は今月末までお願いいたします。

(一九九八年十二月十二日)

ご協力にお礼

桜の季節となってまいりましたが、昨年末から今年にかけて三セク・「株式会社きとうむら」へ過分のご協力を頂き誠に有り難うございました。

まだご協力のお申し込みが続いておりますが、北は北海道から南は沖縄まで三月末現在で約五百人の皆様から八百三十八口、四千百九十万円の協力金をお預かりいたしました。

大変に遅くなり申し訳もございませんが、近日中にお預かり証や些少ですが弊社の商品引換券等をお送りいたします。私共役員をはじめ従業員一同は、このお預かりいたしました貴重な協力金を有効に活用し、「(株)きとうむら」を「ダムに頼らない村づくり計画」の柱とする決意を新たにしております。

木頭村は海抜が約三百メートルから一千九百メートルと高地で、村特産の「ゆず」はかつて朝日農業賞も受賞し味も香も日本一の折り紙がつけられています。「(株)きとうむら」は、この「特産ゆず」のうち「無農薬ゆず酢」を「らでぃっしゅぼーや」「大地を守る会」「にんじん

2001年に村民セクターとなった「きとうむら」

ＣＬＵＢ」（いずれも東京都）「生活協同組合連合会グリーンコープ事業連合」（北九州市）のご協力で、昨年末から今年の二月にかけ初めて発売しました。ところが、当初のご注文は〇・九リットルビンを二千本とのことでしたが、大変好評で最終的に五千本以上もお買い上げいただき嬉しい悲鳴でした。これからは、さらに「無農薬ゆず玉」「山菜」「鹿肉」「ヤマメ」「天然水」「ハチミツ」など木頭村ならではの特産品の開発に力を入れたり、「ゆず収穫ツアー」なども計画の予定です。

細川内ダム計画の完全中止をはじめとする木頭村行政はもとより「(株）きとうむら」の安定経営を目指して、私も微力ながら不退転の決意で邁進しておりますのでいっそうご支援を重ねてお願い申し上げます。

（一九九九年四月十日）

人・物・金の三拍子

全国の多くの方々からご協力をいただいております。「(株) きとうむら」へ四月から、小泉晨一さん(五二) と日野雄策さん(四一) のお二人に取締役として加わっていただくことができました。人脈・アイデア・行動力の三拍子が売り物で心強い二人の助っ人は、さっそく村の特産品の開発など新しい企画や販売に取り組まれております。

お二人のことは多くの方がご存じかと思いますが、元衆議院議員でリサイクルプロデューサーの小泉さんは神奈川県厚木市にお住まいで、東京を中心に沢山の会社経営に係わられています。日野さんはエコロジーショップ「GAIA」(本社・東京) の設立者で、環境をテーマにした店舗経営のコンサルタントで静岡県沼津市にお住まいです。

これまでは、全国から「木頭村は自然の宝庫だ」と、いろいろなアイデアを出していただいても、企画し実行に移して商品販売に結び付けることはほとんど出来ませんでした。経営陣が私を筆頭に素人ばかりだったからです。

これでやっと人・物・金の三拍子がほぼそろいました。この三セクだけで村づくりができるなどと甘くは考えていませんが、不要・不急のムダな公共事業の典型であるダムに頼らない村づくり計画の一環として、多くの村民や広くご支援を頂いた皆さまのご期待に沿えるように私も微力ながら努力を続けております。

物・製品は、これまでの数十品目について原材料や工程、原価計算、流通を洗い直し、木頭村産の無農薬大豆とユズを重点に、健康指向の「お豆ケーキ」「豆乳ムース」など数品目に絞り込みました。

六月に平家の落人の水としてご紹介しました、市販の国内の名水や欧州から輸入したミネラルウォーターよりはるかに良質の岩場の水は「木頭村山の湧水《わきみず》」として、今月中旬から発売となりたくさんの予約を頂いております。

この湧水は、ミネラルウォーターでは初めてガラス蒸着の無公害紙パックを使用しているため、湧水そのままの風味を損なわず、飲み終わったパックはリサイクルが容易なので、自然食品の宅配会社や生協などからとても好評です。

今月末には、村の特産・木頭杉の丸太でログハウス風の店が「きとうむら」前の国道沿いに完成します。山菜や各地の無農薬・無添加の食品、ダルシマーなど村内の手作り楽器も販売の予定です。

これからの「(株) きとうむら」のコンセプトは「木頭村の自然財産のプロデュース」です。具体的な例としては山菜のウドやタラ、天然のヤマメなどの自然物の活用。森林組合などと連携し、木頭杉を主体とした国産材住宅の商品化と販売による仕事づくり。ゆず皮を再利用する「ゆず皮せっけん」の開発や、ゴミ処理を循環化するエコロジービレッジ構想などの環境政策。「(株) きとうむら」の製品と物々交換する「古本バンク」の全国展開。五右衛門風呂に「ゆず玉」を浮かべる露天風呂構想など、自然力を生かすアイデアは無限です。
カヌーイストの野田知佑さんは、ふるさとの自然を食いつぶすダム建設による村おこしを「足を食うタコだ」と批判されています。足を食わないどころか、足を育てるのが「(株)きとうむら」です。

（一九九九年五月二十二日）

続「きとうむら」

株式会社きとうむらは、二〇〇一年度に初「黒字」を計上し、私はそれを見届けた後、二〇〇二年六月に社長を辞任しました。元取締役・日野雄策さんに社長に就任していただき、また、二〇〇一年六月、第三セクターから、村民有志による「村民セクター」となり、経営も順調に伸びています。今後とも「きとうむら」をご贔屓にお願いいたします。
なお、「きとうむら」の商品お問い合せ、注文先は次の通りです。

■「株式会社きとうむら」http://www3.ocn.ne.jp/~kitomura
〒七七一―六四〇二　徳島県那賀郡木頭村出原
TEL〇八八四―六八―二三一一　FAX　〇八八四―六八―二三七七

（二〇〇四年四月現在）

山村留学児童募集

「川の水の冷たさ、土のあたたかさ、人の優しさ、降るような星空、森の息づかい、いのちの躍動……ここは、子どもの時代にしか体感できない、宝物にあふれています」と、私の母校・北川小学校の「山村留学推進委員会」は、一九九九年度の山村留学児童の募集を呼びかけることにしています。

徳島県内で唯一のこの山村留学は「豊かな山や川と親しみながら、素朴な山村の家庭で子どもたちを育み、自然とともに生きる喜びを味わってもらいたい」と一九九一年から始められ、今年で八年目。これまでに東京や大阪、徳島市内などから、十五人が留学されています。

発足から山村留学推進委員会長を務め、毎年のように留学生の里親をしてきた、大城岩男さん（五〇）は、山村留学を始めた当初は、地域の活性化への願いが強かったが、大阪や高松などからきて「お父さん」「お母さん」と慕われた子どもと、数年間も近況を連絡しあっているうちに、子どもたちの心を大きく成長させてあげたいと、山村留学にかける熱い思い入れもだんだんと成熟していったといいます。

北川小学校では、春は、ウドやタラの芽、ワラビなどの山菜採り、アメゴ(注)（ヤマメ）やハヤなどの渓流釣り、飯盒《はんごう》を使ったご飯炊き、田植え。夏は、学校のすぐ前の那賀川の清流でイカダ遊び、キャンプ、水泳大会。秋には、北川集落のほとんどの人が参加して、子どもたちと楽しむ共楽運動会、登山、遠足、芋掘り、稲刈り。冬には、餅つき大会や芸能発表会と、楽しいゆとりの行事がいっぱいです。

「山村留学センター結遊館《ゆうゆかん》」では、有機野菜の栽培などの農林漁業の体験、お祭りなど地域行事への参加と、全校児童十七人とともに留学生をお待ちしています。お問い合わせは山村留学推進委員会（TEL〇八八四―六九―二三〇〇　FAX〇八八四―六九―二〇二〇）まで。

（一九九八年十月十七日）

＊注　徳島、高知などでは、「アマゴ」を「アメゴ」と称する地域が多い。

体験留学始まる

木頭村立北川小学校の来年度の山村留学児童募集には、各地からお問い合わせが相次ぎ、十二月五日、六日と一泊二日で大阪市や徳島市から児童七人と親御さん約二十人が、山村留学センターなどで体験留学をしていただくことになりました。

村の人たちといっしょに、「山村留学センター結遊館《ゆうゆかん》」の管理人として児童の世話を買って出られている、玄番《げんば》隆行さん（三五）ご一家を紹介します。隆行さんは大阪生まれで、学生のころは物理学（素粒子論）を専攻しつつ、環境問題に興味を持たれていました。一九八八年から大阪・神戸の市立中学や高校で数学と物理を担当。一九九五年に木頭村で偶然「山・川・空の学校」（全国各地の親子が、二泊三日で自然体験を楽しむ）に参加され、毎年何回か木頭村に来られていました。一九九八年の九月に退職され木頭村に移住。現在、木頭村の自然や生活を映像に記録したり、「山村留学センター結遊館《ゆうゆかん》」の充実に協力されています。

玄番真紀子さんは一九六八年福井県生まれで、中学や高校で英語を担当。退職後、環境NGOのボランティア、アムネスティ・インターナショナルの翻訳のかたわら主婦業。子どもさん（五歳の穂歌《ほのか》ちゃんは北川幼稚園、四カ月の雛《ひな》ちゃん）が生まれてからは、安全な「食」、環境にますます興味が。現在、木頭村の地についた等身大・自然体の暮らしにすっかり魅せられています。

玄番さん夫妻は「子どもが山村の自然環境や文化に深くかかわることで、その必要性や大切さを学ぶため、民家への短期ステイも計画したい。子どもの健康的な発育や生きることの基本中の基本でもある『食』を考え直すために、有機野菜を子どもたちが自ら育て、その収穫物を食卓に並べたい」と夢を描かれています。

（一九九八年十一月二十八日）

四人が村に

木頭村立北川小学校の山村留学児童の募集への、沢山のご希望の中から四人の児童をお迎えして新学期が始まりました。始業式の前日の七日には、在校生や地域住民など約四十人が出席して歓迎式も開かれました。新しく仲間入りされたのは、徳島県鳴門市から五年生の堀友裕君と滋賀県八日市市から安村友里さん、兵庫県明石市から六年生の實島賢君と大阪府茨木市から中條葉月さんの四人です。

一九九六年から二〇〇五年までの、木頭村総合新興計画の教育の目的と方向には「留学児童の受け入れ共同施設の整備を含め留学児童受け入れ体制の強化を図る。学校、家庭、地域社会の連携による教育力を高め、村ぐるみの育成に踏み出す」などと明記されています。「ふるさと教育」の推進の項には「本村の豊かな自然や歴史を目で見て、足で確かめ、手で触れることを基本として心と体で体験」と、自然から学ぶことが「ふるさと教育」の基本とされています。

（一九九九年四月十七日）

農作業ボランティア

全国の多くの方々から協力金や商品のお買い上げなど、格別のお引き立てを頂いております「株式会社きとうむら」で、一九九九年二月に初めて「無農薬ゆず酢」を東京などで販売しましたところ、とても好評で注文に応じきれませんでした。

ご協力を頂きました「らでぃっしゅぼーや」「大地を守る会」「にんじんＣＬＵＢ」（いずれも東京都）「生活協同組合連合会グリーンコープ事業連合」（北九州市）にこの企画をお願いしたのが一九九八年十二月と遅く、普通は「ゆず酢」の出荷は終わる時期だったため、農家へも大変に無理なお願いとなりました。この反省から今年は早くから農家へ出荷のご協力をお願いしています。

源流の山里・木頭村で子ども時代を
～徳島県木頭村立北川小学校の山村留学制度

源流の山里に、全校児童30名（2004年5月現在）の小さな小学校と旧郵便局舎を改築した「山村留学センター結遊館《ゆうゆかん》」という児童のための宿泊施設があります。都会から来た山村留学生は自然に囲まれた結遊館で生活し、学校に通います。

山村留学は、小さな学校で「学び」、自然の中で「遊ぶ」だけでなく、自然を暮らしの中に巧みに利用することのできる山の民の知恵と経験から、「生きる力（LIFE SKILLS）」を体感する制度です。これは人と人、人と自然の関わりが希薄な現代社会において、特に子ども達にとっては貴重な経験となることでしょう。

木頭杉一本乗りに挑む山村留学生

■山村留学についての問い合わせ先

・徳島県那賀郡木頭村立北川小学校山村留学推進委員会事務局
　電話　0884-69-2200　FAX　0884-69-2020
　E-mail　kitagawa@tk2.nmt.ne.jp

・山村留学センター結遊館
　http://www.aoba.sakura.ne.jp/~galo
　電話/FAX　0884-69-2717
　E-mail　galo@par.odn.ne.jp

ところが、木頭村も過疎と高齢化で農家の人手不足も毎年深刻になっております。そこで、「エコロジービレッジ『きとうむら』の大自然の中で、体を動かし、気持ちのいい汗をかいてみませんか。清流の山間に、きらめく夏がやって来ます」と、都市との交流をテーマに「きとうむら」では、「農作業ボランティア」を募集することにしました。ボランティアは「きとうむら」と「ゆず」や「大豆」の無農薬栽培を提携した農家で、草刈り、除草、収穫など各種の農作業のお手伝いです。

木頭村までの交通費は自己負担していただきますが、木頭村での宿泊や食事は「きとうむら」でご用意いたします。農業作業の経験や草刈り機の経験、体力などにより「きとうむら農作業ボランティア」として登録していただき、作業内容や希望日時をこちらから連絡をいたします。お問い合わせは、(株)きとうむら農業ボランティア係(電話〇八八四―六八―二三一一・FAX〇八八四―六八―二三七七)までお願いいいたします。

(一九九九年六月二十六日)

ボランティアに感謝

一九九九年六月に「農作業ボランティア」への協力をお願いしましたところ、予想をはるかに上回る約二百人もの方からお問い合わせが続き、とても感謝をしております。農林業などの経歴、草刈り機の経験、希望の作業、体力、ボランティアをしていただける日時や期間などの具体的な打ち合わせをされている方が約七十人となり大変ありがたく思っております。

さっそく八月二十三日から男性二人、三十日には女性三人と男性一人が加わり、「きとうむら」の宿舎は活気に満ちております。大豆畑の草取り。休耕田の草刈りや耕運機で耕して種まき。村内のユズの木の本数などを戸別に調べるユズの木調査。「きとうむら」の事務室の前の国道沿いに、ログハウス風の店を建てる用材の杉伐り出し作業の手伝いや丸太磨きなど、皆さんがあまり無理をなさらない範囲で毎日汗を流されています。

このように仕事の種類もいろいろですが、ボランティアの方の出身地も鹿児島、石川、京都、広島、香川とにぎやかです。職業なども大学の先生、デザイナー、森林インストラクター、大学生、会社員とバラエティーに富んでいるようです。男性のなかには林業の経験があり、一抱えもある杉の大木を伐り倒せるすごい方もおられます。九十八%が山林で木頭杉で知られた村ですが、長年の構造的な林業不振で村内の林業従事者も減る一方です。どんな作業もテキパキとこなしておられるその男性に「村に永住して本格的に林業の再生へ向けて一肌脱いでくれませんか」、とお願いしてみたくてたまらないのですが、気が弱い私はまだ躊躇しているところです。

初めてのことばかりで、受け入れ態勢も不十分な面もありますが、十月からは村特産の無農薬ユズの収穫も始まりますので、引き続きお願い申し上げます。

（一九九九年九月四日）

第三章　村の宝を生かす

村の巨木

木頭村の民謡・木頭小唄にも「木頭はのびろて安気《あんき》に暮らす、山は宝じゃ木ものびる、木頭は木どころ良いところ」と歌われていますように、かつての木頭村は林業で栄えた村で、一九六〇年代までは日本屈指の裕福な村ともてはやされたものです。

全国各地の「村をあげて」や「町ぐるみ」ダム反対がほとんど陥落するなかで、多少の紆余曲折はありましたが村民・議会・首長が三位一体で、木頭村が国の「細川内ダム計画」に約三十年間も反対して、ついに事実上中止の一時休止に追い込んだのは、「昔の林業の底力」と持ち上げてくれる人もいます。昔の林業とダム反対がどのような相関関係になるのかは議論のあるところですが、確かに全国に誇れる「林業の底力」が木頭村にはいくつかあります。その一つが「杉の巨木」です。

村役場から車で約十分、蝉谷という十戸ほどの平家の落人伝説の集落にそびえる、蝉谷神社の大杉は根回り約十五メートル、樹高五十数メートルで、樹齢は数百年と推定されています。尾根すじにある神社の境内のほぼ中央に大きく根を張り、周辺の杉の古木群から突き出て、若木のように樹勢も健在で木頭杉の王者の風格といったところです。

巨木はこれからです。村役場から徒歩五分、八幡神社の門杉群です。一番細い杉でも根回り約十メートル。二番目が根回り約十三メートル。二股の一番太い杉が根回り約十七メートル。

いずれも樹高は四十数メートルで推定樹齢は約七百年。樹勢は少し衰えていましたが、数年前から樹木医さんの指導で根本付近の手入れや、境内への車の乗り入れ禁止などの保護策で樹勢も回復しています。

まだまだあります。一九九八年に購入した六百町歩の広大な村有林は、約五十町歩がブナや天然スギなど天然林・「底力」の宝庫です。遊歩道もありますからお越し下さい。

（一九九九年五月二十九日）

森林交付税創設を

国土の森林面積率が六十七％と、世界第七位の森林国日本ですが、「杉の大木が大根より安い」と言われて約二十年にもなります。輸入材に押されて国産材の暴落は止まらず、「木材の生産と販売」という、かつての林業経営はほとんど成り立ちません。

木頭村では、杉の全盛期の一九六〇年代には、「木材を六トントラックに一車分だけ売れば一家が一年間食べていける」と言われていました。その頃に密植された杉林の約七十・五％が、間伐などの手入れがされていません。

遠くから杉林を眺めると緑豊かな山々ですが、林の中は全く太陽も当たらず、草も生えないため荒れ地同然です。少しの雨でも表土が浸食され山林の崩壊が常態化しつつあります。このまま山林を放置すると全国的に山崩れなどの大災害が起き、水不足と生態系の破壊が進み、日本の国土は崩壊すると言っても過言ではありません。

このように、林業経営の面だけの林業政策では、国土は崩壊します。酸素供給・空気浄化十八兆円、水源涵養《かんよう》四兆円、土砂流出防止八兆円、保健休養七兆円、年間合計約四十兆円と言われている、森林の公益的価値にも目を向けていただきたいと主張しているのが「森林交付税創設促進連盟」です。

連盟は九三年に和歌山県本宮町長の中山嘉弘氏の発案で結成され、一九九八年八月二十三日に第五回目の総会を東京で開きました。木頭村など七百八十八市町村が加盟しています。連盟の大きな目標は、現在の地方交付税交付金とは別枠の、森林の手入れなどに自由に使える独自の財源として、例えば森林面積に応じて交付される「森林交付税交付金」の創設を早期に実現して、森林を守ろうというものです。

木頭村は九十八%が森林で、全国の森林面積の約〇・一%に当たります。四十兆円の約〇・一%と換算すれば、木頭村の森林の公益的価値は、年間約四百億円ということになります。しかし、これには一銭の金も支払われていません。木頭村が代表ですが、過疎と森林対策に苦しんでいる町村は、全国に約二千あるといわれています。この二千町村に森林対策費として五億円ずつ出したとしても、わずか一兆円です。ダムなどの公共事業には毎年五十兆円ほど使われているうえに何兆円もの大型補正予算です。全国の森林からの恩恵の四十分の一に当たる一兆円を決断してくれる政治家はいないのでしょうか。都会の快適な生活も森林のお陰です。もう個人や自治体の努力だけで森林を守るのは限界を過ぎています。

（一九九八年八月一日）

森林荒廃は国の崩壊

木頭村は四国・徳島県の最南西端で、県内で二番目に大きい那賀川の最上流部です。人口はわずか二千人ですが、日本一のユズの名産地で九十八％が山林です。この山林の約七十％が、三十年から四十年前にケヤキやブナ等の広葉樹を伐ってスギを植えた、いわゆる拡大造林です。はじめに杉苗を一ヘクタール当たり二千五百本ほど植え、これを五年か十年ごとに間伐《かんばつ》（まびき伐り）

昭和40年代の拡大造林時代の木頭村の林業

して、約五十年後に一ヘクタール当たり五百本ほどの杉の成木に育てるのが、典型的な杉の造林です。

かつて、木頭スギは村の基幹産業でしたが、一九七〇年代から輸入材に押され、スギの価格が暴落し、三十年以上も手塩にかけて育てた直径四十センチもあるスギの大木が大根より安いと言われるほどの異常な状況が続いています。

国は、拡大造林の時代にどんどん補助金を出して一ヘクタール当たり三千本以上もの密植を奨励し、一方で木材自由化を進めたので、外材に押されて杉の値段の暴落は止まらず、間伐をしても大赤字で、全国的な森林の荒廃が大問題となっています。

農林水産省が一九九一年に発表した「育林費調査報告書」から推計すると、一ヘクタールの育林費と伐採搬出費は全国平均で約五百万円が妥当だと言われてます。この育林費の金利を四・五%から三%、育林期間を五十年間とすると、育林費は約二千万円になります。五十年後に一ヘクタールから四百立方メートルのスギの原木を、最近の市場価格の最高値に近い一立方メートルを二万円で売ったとしても八百万円にしかならず、一ヘクタール当たり千二百万円の赤字です。木頭村内に約二十万ヘクタールのスギ林があるとすると、村内でスギをせっせと育てている林業家の赤字の総額は毎年四百八十億円にもなります。これを異常と言わないのなら何を異常と言うのでしょうか。

しかし、こんな逆風にも負けずに、売れない杉の間伐材を有効利用した新製品を開発するなど、林業の現場では、林業再生へ向け、涙ぐましい試行錯誤が行われています。

全国的に林業は衰退し、山は荒れ放題で、このままでは大災害が続出する日も近い。林業を市場原理のみにまかせず、本気で森林を守らなければ、森林の荒廃が国の崩壊となることは世界の歴史が証明しています。


(一九九七年十一月二十九日)

鮎の季節

鮎漁で知られる木頭村などの那賀川上流も七月の解禁が目前です。全国には仕事も十分手につかない太公望も多いことでしょう。

私が子どもの頃の村内の川は今では想像もできないほど水量も多くどこにも大きな淵や瀬がありました。水中メガネで潜ると淵尻《じり》や瀬の大きな石の付近には三十センチ前後の大型の鮎が何十匹も群れをなしたり、魚体をくねらせながら川底の石に銀色の腹を擦り付けたり、鮎と鮎との体当たりや腹にかみついたり、盛んに縄張り争いを繰り返していました。こんな水中の風景が鮎の季節が来ると、今でも懐かしく目に浮かんで来ます。

今の鮎漁は、尻尾付近に二、三本の針を付けた囮《おとり》鮎を縄張り付近へ泳がせ、縄張りから囮鮎を追い出そうとした鮎を囮鮎の針にからませて釣る「友釣り」が主流となっていますが、私が子どもの頃や最近の釣りブームの前までは、村内の鮎漁といえば「フンドウジャクリ」のことで「友釣り」は体力の衰えたお年寄りの楽しみでした。
長さ二メートル前後の腰の堅い竿に、太さ三号ほどで長さ約三メートルの道糸を付け、道糸の下部には七、八号の返しのない三本針の鮎掛け針を約十センチ間隔で三カ所に付けます。一番下に四号ほどの鉛の重りを付けると「フンドウジャクリ」の道具は完成です。これを片手にもち、縄張りをもった鮎を箱メガネで追いかけながら、巧みに針に引っ掛ける木頭村に昔からある鮎漁です。
説明は簡単ですが、急流の数メートルも離れた水中で泳いでいる鮎は素早いスピードで、箱メガネでチラリと見るのが精一杯です。この鮎に針を掛けるのですから、これ以上の技術と体力が必要な川漁はどこにもないでしょう。八月のお盆の頃には「フンドウジャクリ」も解禁になります。腕と体に自信のある方はどうか挑戦してみてください。

（一九九八年六月二十七日）

「木頭ゆず」の薬効

木頭村では今、ユズの採り入れの最盛期です。三十年ほど前から栽培方法もすっかり改良され、十数年前には朝日農業賞にも輝き、全国ブランド「木頭ゆず」として全国各地の市場で最高値が付けられています。この木頭村の特産品・ユズの黄色い実を毎年見るたびによみがえってくるのが、子どものころのいやな農作業の手伝いの代表格だったユズの収穫です。

昔のユズは今のように栽培というものではなく、急峻な荒れ地に自然に生えたものがほとんどのようでした。幹の太さはひと抱えもあり、高さは十メートルほどの大木に腰に大きな篭を付けて登らなくてはならないのです。まともに刺さると大けがをする鋭い棘《とげ》だらけの木から、一つ一つ素手でゆずの実をもぎとるのですから、全身が棘のひっかき傷だらけになったものです。その夜のふろで、ところどころに血がにじんだ傷に、湯が染み込んだヒリヒリした痛さは今でも忘れられません。

昔から「桃栗三年柿八年ゆずの大馬鹿二十年」と言われますが、果汁、皮、種子すべてに優れた薬効があることなど、ユズの素晴らしさはあまり知られていません。

徳島大学薬学部の村上光太郎教授によると、ゆず酢に砂糖を混ぜ熱湯を注いで飲むか、ゆず玉を輪切りして蜂蜜の中に漬けておき、その蜂蜜に熱湯を注いで飲むと腸チフス菌やコレラ菌の殺菌力がある。果汁を飲むと、のど詰まりや風邪、二日酔いにも効果があるというから、左利きにも有り難い。

種子を砕いてせんじて服用すれば、のどに刺さったとげや肺炎の咳、下腹部の痛み、リウマチにまで効果があるという。その他の方法でも、肌荒れ、へんとう腺炎、月経不順、うおのめ、はれ物、食欲不振、消化不良、ぜんそく、血行促進、疲労回復、頭痛、健胃作用と、ユズの効果は無限とのことです。

（一九九八年十一月二十一日）

木頭杉一本乗り

木頭村の中心部を流れる釣りの名所・那賀川は、かつては村内で伐り出される杉の丸太が流され「一本乗り」と呼ばれる独特の技法で下流へ運び出されていました（五一頁写真参照）。山で杉を伐る「ヤマシサン」と、「一本乗り」をしながら杉を流す「ヒヨサン」は、木頭杉で知られる林業の村の二大職業でした。

「トビ」という金具を付けた二メートルほどの竹竿を使い、杉の丸太に身軽に跳び乗り、急流や大きな淵をスイスイと乗り切ってとてもカッコの良い「ヒヨサン」は女性にも人気があり、昔の子どもたちの憧れの的でした。私も大人になったら何としても「ヒヨサン」になりたいと、小学生の頃は「一本乗り」の練習に熱中したものです。数メートルも乗らないうちにバランスを崩して浅瀬で跳び下りて、石と丸太の間に足を挟まれたり、やっと淵へ乗り込んだとたんに、水深が深くて「トビ」がうまく操れず、ドボンと落ち込んで溺れかけたり、今でもずぶ濡れで半泣きの私や友人の姿がなつかしく思い出されます。

年間を通じて那賀川上流の風物詩だったこの「一本乗り」も、トラック輸送と、一九五六年に徳島県営の長安口ダムが下流の上那賀町へ建設されたため、完全に姿が消えました。

「村が全国へ誇れる伝統を次代に伝えたい」と、若いころ「一本乗り」が得意だった人達に村も協力して、一九八五年に「木頭杉一本乗り保存会」が結成され、「木頭杉一本乗り大会」を毎年開いています。一九九七年は横浜市や名古屋市などからイメージトレーニングだけで参加の方もあり村役場前の三百メートルの清流で百人ほどが腕を競いました。

十一回大会は一九九九年八月十六日の「木頭踊り」と同じ日です。村内の中学生や村外の初心者向けの練習会も、七月十九日と八月二日の日曜日にありますので、今年は東京からの参加もお待ちしております。「木頭杉一本乗り大会」は、毎年八月に開催しています。

（一九九八年七月十一日）

木頭村の生活語

ノーノーイウノヤメンカノー（注1）、ワシワシワシイウカアー（注2）、などと子どものころ、先生の方言追放とやらに同級生とこっそりと反発したものです。木頭村の生活語はかなりアクセントなどに特徴（私は方言学などの知識がないため書けませんが）があり、村外の人と話をするときには共通語への切り替えが苦手で、特に東京などで初対面の人には神経を使います。

阿波学会が一九七〇年に調査した「木頭村の方言」（徳島県立図書館発行）を時々見ていますが、「山か谷を一つ越えると言葉が違う」と言われますように、この調査も村役場のある出原付近の言葉が主で、私が住んでいる北川や隣接の折宇などの集落の言葉はあまり見当たりません。

共通語には少ない、具体的な状況などをズバリ表現するのが生活語の一つの特徴だと私は思いますが、その代表格が子どものころによく聞かされた「ふさん」「うとごる」「ひきたおす」

でしょう。この三語はいずれも「寝ている状態」ですが、「ふさん」は風邪などで寝込んでいる、「うとごる」はふてくされてふとんに潜り込んでいるとか朝寝坊のことで、「ひきたおす」は仕事などで疲れて横になり一休みしている様子の表現です。

近年は生活語もかなり共通語に押されて、お年寄り以外からはあまり聞かされなくなりましたが、六年半前に二十数年振りに木頭村へ帰って、若い人が村内の地名まで妙な読み方をしてるのにはびっくりしました。和無田はワンダ、黒野田はクロンタと、とても美しく（と私は思っています）なまった地名を、何の味気もないワムダ、クロノダと発音しているのがその一例でしょう。

これも、方言はやめようとか漢字は正確に読みましょうなどという、余計な〝教育の成果〟ではないかと疑っております。

＊注1 （語尾に）「のお」「のお」付けるのをやめようね。
＊注2 「ワシ」「ワシ」って私は言っているか？

（二〇〇〇年一月十五日）

水こい鳥の手紙

私の目覚まし時計は、ホウジロのイッピツケイジョウツカマツリソウロウや、ウグイスの谷渡りです。時々これに少し遠くの林からホトトギスやコノハズク（ブッポウソウ）が加わるという野鳥の贅沢三昧《ぜいたくざんまい》で、全国の野鳥ファンには誠に申し訳なく思っております。
今月のはじめ、木頭村では水こい鳥とも呼ばれているアカショウビンが、村の保育園のガラス戸に衝突して、あわや即死かと園児も赤い鳥におどろかされました。日本野鳥の会会員で近くに住む高石康夫さんが、すぐかけつけて熱心に介抱し、幸い翌日には元気に山へ飛び立ち、園児もほっとむねをなでおろし、なによりでした。アカショウビンから園児の皆さんへの、お礼の手紙をご紹介します。

きとうほいくえんのみなさん、わたしはほいくえんでたすけてもらったあかしょうびんです。あれからわたしはおじさんのいえで、みずをのませてもらって、うすぐらいへやのなかで一ばんねむりました。よくじつめがさめたら、おじさんがわたしのだいすきな、さわがにをとってきてくれました。二ひきめのさわがにをたべているとき、おじさんがしゃしんをとりはじめました。わたしはまだかおをあらっていなかったのではずかしくなり、さわがにをくわえたままやまのなかへにげてきました。みなさんにたすけてもらってどうもありがとう。わたしはあきのおわりごろ、みなみのあたたかいくにへとんでゆきますが、まだしばらくはきとうほいくえんのみえるところでくらします。「ふれ（降れ）よぉー」というこえは、わたしがみなさんに「ありがとう」とうたをうたっているのです。さようなら「ふれよぉー」。

真っ赤で大きなクチバシにサワガニをくわえて木にとまっているアカショウビンのアップの写真を皆さんにお見せできないのが残念です。

（一九九九年七月十七日）

伝説の里・平の里

那賀川の最上流部、木頭村の高《こう》の瀬《せ》峡は、二十年ほど前に県の観光百選の第一位にもなった紅葉の名所です。十一月下旬までのシーズン中には西日本一と言われるスケールの大きい渓谷美と、ブナやカエデ、ケヤキなど色鮮やかな紅葉を求めて県内外から約十万人でにぎわいます。

伝説の里・平《たいら》の里は高の瀬峡の入り口で、レストハウスもあり、いよいよ今年も十月十九日が山びらきです。

村内には数カ所平家の落人伝説がありますが、平の里も屋島の合戦に敗れた、平清盛の家来が住みついたと言い伝えられています。昔は十二、三戸あった家はすべて平という姓で、母屋、中屋、ノボリ、アマゴ、南、ゴミ、西ガシなどの屋号が付いていたといいます。

村内ではすべて、一つの集落には一つの氏神さまと決まっていますが、平の里には二つも神社がまつられて、さすがに伝説の里といったところです。レストハウスの手前にある氏神さまの御神体は落武者がもってきた金の鶏だったのですが、残念なことに盗まれてしまい、今は木彫りの代用物だそうです。川の向かい側には川上神社があり、樹齢七、八百年の桧《ひのき》の大木の根

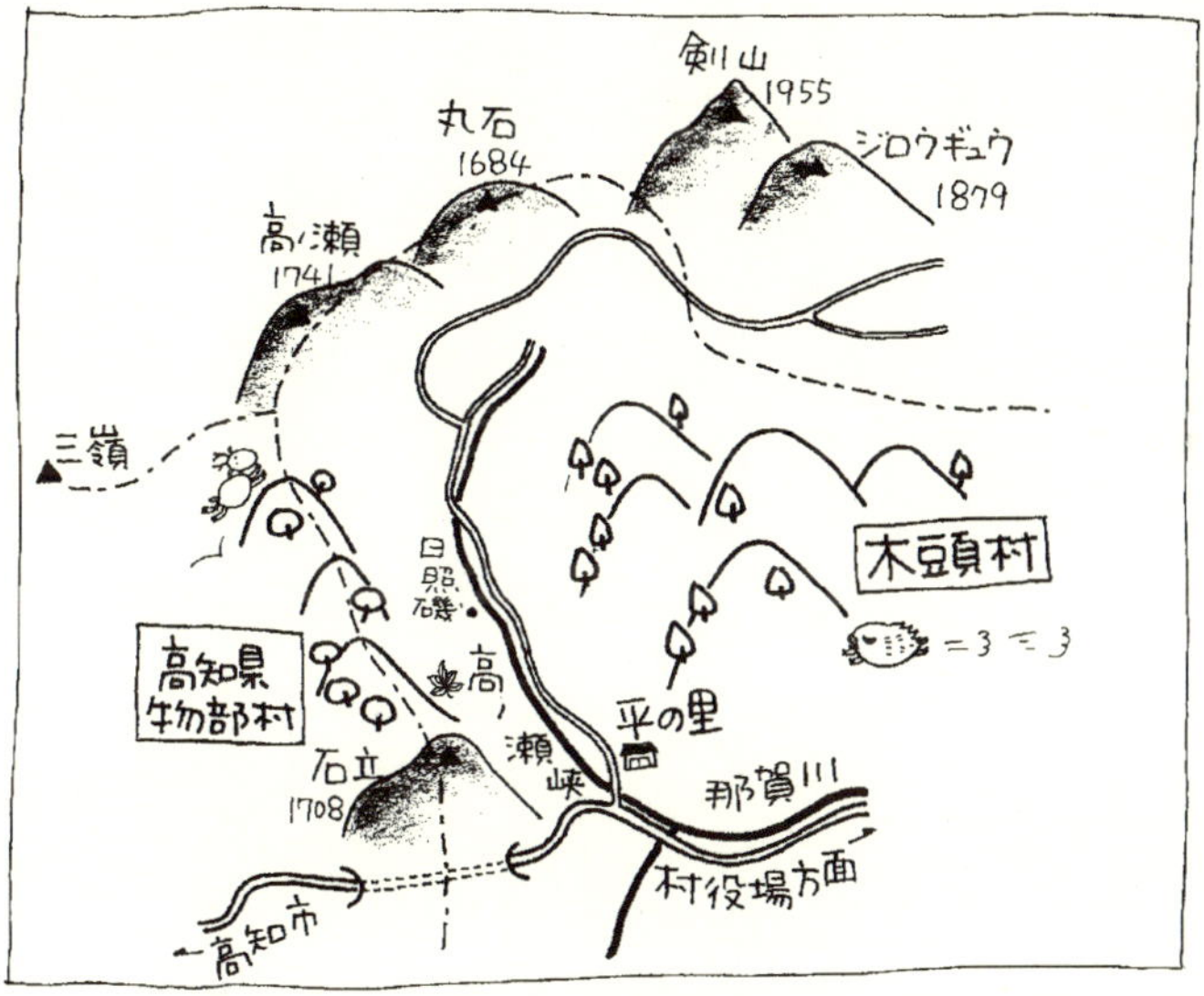

木頭村高ノ瀬狭付近

本にお堂がすえられ、昔は大きな通夜堂もあり、多くの信者がおとずれたと言われます。

この神社の一キロメートルほど上流に日照磯《ひでりいそ》という切り立った岩があります。天気によりこの岩は色が七色に変わり、この色で明日の天気を占うことができる岩だと言い伝えられています。しかし、この占い方は秘密で、落人の本家の奥様だけが先祖代々受け継がれ、今その秘密を知っているのは、村内に住んでおられる平守之さんの奥様だけだとのことです。

平さんご夫婦は私の熱心な支援者なので、何とか秘密を明かしてもらいたいと機会をねらっているのですが。

（一九九七年十月十八日）

剣山の表玄関

剣山《つるぎさん》は標高一九五五メートルの四国第二の霊峰です。安徳天皇が剣を山中に隠したという伝説から名付けられたと言われ吉川英治原作の映画「鳴門秘帖」の舞台にもなりました。近年は毎年、数万人が登山し、頂上付近の笹が踏み荒らされ問題になりました。自然保護団体の要請で徳島県が笹の上へ木製の登山道を造ったところ、少しずつ笹の勢いも回復しているとの調査もあり一安心というところです。

剣山への登山道は徳島側から木頭村、木沢村、木屋平村、西祖谷山村、高知側からは物部村と、少なくとも六カ所ありますが、木頭村から登るのが最もすばらしいコースで特に初心者には一番です。これは私が村長だから肩をもつのではなく、客観的な事実です。

まず登山道までのコースは、「平の里」から那賀川の源流部への約十キロメートルの「高の瀬峡」は、切り立った岩に五葉松、モミ、ツガの老木などの渓谷美の連続です。対岸もブナやカエデ、ケヤキなどの原生林で、今もみじの最も美しい季節で、どのコースにもない素晴らしい景色です。

登山道の入り口からは、ややきつい所もある坂道ですが、二十分ほどで背の低い笹の高山らしい風景となります。数分も歩くと、頂上付近まで見通せるようななだらかなコースとなり、危険な所はほとんどなく、四年前の国体の採火式のときに私は頂上までスーツに革靴で登ったほどです。

他のコースにある自然破壊の元凶のリフトなどは全く不必要で、木頭村こそ剣山の表玄関なのですが、この〝本物〟のコースはほとんど知られていないのが残念です。愛読書『六〇歳からの登山』の著者、本多勝一氏に登山コースの一つとして紹介をお願いしたいのですが、あまりにも登りやすいからと言われそうです。


（一九九七年十一月八日）

山歩きは剣山へ

安徳天皇の剣やソロモンの秘宝の隠し場所などの伝説があり、かつて吉川英治原作の映画「鳴門秘帖」の舞台にもなりました標高一九五五メートルの四国第二の霊峰・剣山《つるぎさん》への登山の最もすばらしいコースは木頭村からと、前にも紹介しました。

先週の日曜日、「剣山の表玄関」の木頭村から約五年ぶりの山歩きを楽しみました。「ガロの住む村」のタイトルで、木頭村の細川内ダム計画問題などを、雑誌に一九九六年まで長期連載されたノンフィクション作家・矢貫隆さんと、カメラマン・大石環さんの二人が東京からいらっしゃいました。村内の女性五人に男性六人と、総勢十三人で高の瀬峡の終点付近の村道へ車を置いたのが午前九時です。

急坂の登り始めはミズナラやブナなどの鬱蒼とした原生林で、ウグイス、シジュウカラなどの野鳥のさえずりが続きます。同行の、日本野鳥の会会員の高石康夫さんは「鳥にも方言がある。今のはホーホケキョではなく、ホーーケキョと鳴いた」などと鳴きまねをして女性群を笑わせています。

三十分ほどで一面に深山笹の尾根に出ます。雲一つない好天気で、三百六十度ぐるりと二千メートル近い山々の眺望に、ほとんど剣山へ初めての女性群は「来てよかった」を連発しています。植物に詳しい西郵局《にしゆうちか》さんは「これは妻取草」などと、道端の雑草や木の名をよく知っているのには感心します。しばらくすると〝熊取草〟などと間違える人もいて、笑い声が絶えません。

なだらかな登山道も、頂上付近は少し岩の間を通ったりの急坂で、バテ気味の人も出ましたが、十二時半頃に頂上へ。一見、反対側のリフトできたらしい軽装組の一行は少し興ざめ、帰路には静かな次郎笈《じろうぎゅう》（一九二五メートル）に足を延ばし、秋には隣の高知県物部村の三嶺《みむね》（一八九三メートル）へ剣山からの縦走を約して下山しました。

（一九九八年六月六日）

石立山

近年は中高年の山歩きが盛んなようです。私の家主で四十代の夫婦も東北地方や北海道の山へ仲間とよく出掛け、最近はニュージーランドの山まで歩いてくるという熱の入れようには何ともうらやましい限りです。

　私は子どものころから毎日のように、杉の手入れなどに山歩きを余儀なくされる生活でした。小学五年生のころからは重さ数十キロの自分の体重ほどの杉苗を背負い、一歩間違って転落すれば即死というような岩場を通るのも日常茶飯事で、山歩きイコール苦痛という環境で育ちました。こんな山歩きでも、たまに見晴らしのよい峠で一休みするとき、何百もの大小の山や尾根が連なり、那賀川流域に雲海が広がる景色を一望したことを思い出すと、私も少しは山歩きを再開してみたくもなります。

　村内には四国第二の霊峰・剣山《つるぎさん》（一九九五メートル）をはじめ標高一千メートル以上の山が四十ほどありますが、私が高校生のときから数回登り、最近も約三十年ぶりに登ったのが石立山《いしだてやま》（一七〇八メートル）です。

　自宅から五キロメートルほど西の高知県境の国道一九五号沿いにある標高約七百メートルの登山道入り口から、石立山の頂上までの約三キロメートルは文字通り胸突き坂で、横道など緩やかな所がほとんどありません。おまけに頂上までの約三時間のうち、登り始めから一時間ほどは何の面白みもない急坂な杉林ばかりです。そのうえ、やっと杉林を登り終わると同時に大雨となり、頂上まで物すごいガスで数メートルしか見通しがきかず、笹藪《ささやぶ》と石ころ道をつんのめりながらの下山という、散々な山歩きとなりました。

　こんなことを書けば身もふたもありませんが、石立山は残存植物のムシトリスミレの群生や、石立ホタルブクロなどの貴重な石立山の固有植物も多い山です。

（一九九九年七月三十一日）

太布《たふ》

太布はコウゾの皮の糸から織る衣類などに使う丈夫な織物で、昔は県内の山間部で織られ本居宣長の玉勝間にも「阿波町の太布」とあるほどで、全国的に重宝されていましたが明治時代にほとんどすたれて、木頭村にだけ今でも貴重な太布織が伝えられています。

三百戸で一戸平均一人の女性が、全村で一年間に二千反（幅約四十センチ、長さ十メートルほどの太布一枚が一反）の太布を織り一部を行商人の綿織物と交換していた。このようなことが木頭村誌の一八九四（明治二十七）年ころの統計資料として書かれています。コウゾの皮を搗《つ》いて柔らかくする杵と臼や糸を紡ぐ糸車などが、私が子どものころにはまだ物置の隅や牛小屋の二階に転がっていましたので、昔はほとんどの村内の農家では太布を織っていたものと思われます。

⑴原料のコウゾを切り集める⑵大きなコシキで蒸す⑶皮をはぐ⑷広葉樹を燃やしてできた灰を溶かした水に入れて煮る⑸表皮（鬼皮）をはがし流水で一昼夜さらす⑹表裏を返しながら三昼夜ほど凍らせる⑺むしろの上で木槌で軽くたたいたり、足でもんだりして柔らかくする⑻柔らかくなった皮を幅二、三ミリに裂き、八の字にまとめる⑼裂いた皮の端を二つに割り、縄をなう要領でつなぎながらオゴケ（ざる）に入れる⑽縦糸は多めに横糸は少なめによりをかけて

糸車で紡ぐ。

さらに操作が難しい車に糸をかけたり、煮たり、洗って乾燥させたり、枠に巻く……などの工程を経て、やっと⒄織る――で完成です。

以上が「阿波太布製造技法保存伝承会」（中川清会長十六人）の皆さんが正月から取り組まれている太布織の一連の作業です。これでも一年に二反織るのがやっととのことですから、木頭村にだけ残っている理由が少しわかりました。

（二〇〇〇年四月八日）

第四章　人との出会いを慈しみ

マウンテンマン

私が子どもの頃はもちろんのこと、つい三十年ほど前までは、味噌、醤油、豆腐、こんにゃく、藁草履、下駄、農作業用の蓑、笠など、農村の生活に必要なものはほとんど、各家庭で作るという自給自足に近い生活がごく普通でした。農業も今風に言えば「完全な有機栽培」ですから、自然とすべて密着した生活だったことは当然です。

しかし、今のいわゆる文明社会では自然を相手の自給自足生活などは、世界的にほとんど不可能になったと言っても過言ではありません。ところが、この不可能を敢えて可能にしている人がいます。その人は、三十年ほど前からカナダのユーコン川などをカヌーで下りながら、原住民のインディアンやマウンテンマン（山小屋で自給自足生活をしている人）と交流を続けている野田知佑さんです。

『新・放浪記』（本の雑誌社）、『南の川まで』（小学館）、『ユーコン漂流』（文芸春秋）など毎年のように野田さんから素晴らしい著書をいただき拝読しておりますが、先日は野田さんからアラスカなどのカヌー生活のお話を直接お聞きしました。

予定どおりに川を下ることができず食料がなくなり、インディアンから、黒熊《くろぐま》の肉を五キログラムもらいお礼にウイスキー二本を渡した。道路も電気もないアラスカで暮らしている、マウンテンマンの子どもの中学生は、通信教育で勉強しており、先生が毎月水上飛行機で教えに

カヌーイスト野田知佑さんとともに那賀川のほとりで（2000年秋）

来る。三十センチも土地を掘ると永久凍土で、夏でも冷蔵庫はいらない。誰にも命令されず自由に生きたい人たちの雑誌まで発行されてる。ニューヨークあたりからアラスカへ来てマウンテンマンになる人が増えている。など、ショウチュウを傾けながら、世界的カヌーイスト・野田さんの体験は、文明とは、自由とは、と目から鱗が落ちることばかりでした。

（一九九八年五月十六日）

マーク先生

木頭村《きとうそん》には三人の外国人が住んでおられますが、マーク先生と呼ばれ多くの村民から親しまれているのが、英国のニューキャッスル出身のマーク・グラハム・フェネリーさんです。英国の大学を卒業とほぼ同時に来日され、直後から木頭村の高校（分校）、中学、小学などで英語の先生をお願いして九年にもなり、木頭弁もすっかり板についておられます。

木頭村へ来て一年ほどで、新聞もすらすらと読めるようになり、マーク先生は日本語の読み書きもとても堪能なのですが、木頭村へ来て問題の一つは木頭弁が東京や大阪で通じないことだといいます。

数年前にも名古屋で日本人に「キビジャ（とうもろこしです）」と木頭弁で話しかけると、「英語はわかりません」と言われたので「日本語ジャ」とやり返したとか。いつもユーモアたっぷりなところがマーク先生の人気を呼ぶ秘訣かもしれません。村の伝統の剣道も熱心に修業され二段の腕前で、竹刀には「真久笛音里」と漢字で名前を書いたり、すっかり木頭人と言っても過言ではありません。

ここ数年、県内の中学英語弁論大会で木頭中学からの優勝者や上位入賞者が珍しくありません。最近の県内のほとんどの中学などでは、マーク先生のような英語圏から先生を迎えているのですから、マーク先生の熱心な指導が面目躍如といったところです。

そのうえ数年前から毎年、自国のロンドン、ニューキャッスル、ヨーク、フォードなどへ、木頭中学三年生の希望者全員の短期留学のお世話も全面的に引き受けていただき、とても村民は感謝しています。

何事にも熱心なマーク先生は、バーミンガム大学大学院の言語学部を通信教育で昨年卒業され、最近「日本の大学でも教えてみたい」と言われ、村内には大学はないので私は複雑な気持ちになっています。

（一九九九年九月十八日）

アイヌ文化の伝承

一九九八年七月に参議院議員を引退された萱野茂さんから「アイヌ新法」の成立以降を検証された『アイヌ文化を伝承する』という貴重な本を頂きました。約三年前にも萱野さんから『妻は借り物』という著書を頂き、萱野さんのおじいさんが子どものころシャモ（和人）の奴隷にされ、家へ帰りたくて自分の指を切り落としたというおぞましい文を読み、一八九九（明治三十二）年に制定されて以来、九十八年も生きていた「北海道旧土人法」でアイヌを劣った民族と扱い、まず土地を奪い、文化を破壊し、言語を略奪するという、近代日本がすすめてきた同化政策を呪わずにはいられませんでした。

私が萱野さんのお名前を知るようになったのは、三十年ほど前から愛読している、本多勝一さんの『貧困なる精神』に何度か萱野さんが登場されたからです。とくに萱野さんが社会党（現社民党）比例区の十一位で落選（十位まで当選）された六年前の参議院選挙直後の、一九九二年八月に本多さんが書かれた「社会党参院比例区に当選した十人の議員は恥ずかしく思わないか」を読んでからは、何とか繰り上げ当選をされないかと、祈るような気持ちでした。約二年後の一九九四年の八月にやっと繰り上げ当選され、「アイヌ新法」の成立をはじめ、萱野さんの長年の献身的なご努力にあらためて敬服しております。

萱野茂さんに初めてお会いしたのは一九九三年十月、長良川河口堰反対集会に初めて参加したときです。集会が終わり萱野さんといっしょに近くの駅まで送ってもらった車の中で、「木頭村のような過疎の村がダムにねらわれるようです」と私が言ったところ、「木頭村も昔は二、三百人だったのではないでしょうか。あまり過疎だ、過疎だとあわてないように」と諭された萱野さんがとても印象的でした。

（一九九八年八月八日）

眼科の先生に感謝

私は二十五歳のとき、左眼が当時は原因不明とも言われていた虹彩炎《こうさい》になり、三十歳頃からその左眼が併発性白内障にかかり、つい三年前までは相当不自由に辛い思いをしてきました。しかしこの間、徳島県牟岐町の竹林貢先生と徳島市の藤田善二先生の卓越した治療や手術で、裸眼で新聞の小さなルビまで読めるし、車の運転など日常生活に全く眼鏡がいらず、普通の人以上の視力が回復し二人の先生にとても感謝しています。

虹彩炎は難病ですが特効薬もあります。しかし、副作用の恐れがあるのでその薬は使わないようにしよう、などと、竹林先生は最初から病気の説明や治療方針などを親切に相談され、約三十年間も安心して治療を受けることができました。

竹林先生から藤田先生を紹介され、私は即座に手術をお願いすることにしました。手術の前には入念な検査などがあり、手術は痛みも全くないし入院も不要だが、手術だから万一失敗がないとは言えないと藤田先生から説明がありました。昔は白内障の手術は大手術と言われていましたので、そんなに簡単にできるのかと、手術の当日まではかなり不安でした。

ところが、手術はわずか七分十五秒で終わり、痛みも全くなく藤田先生の説明のとおりでした。そのうえ、手術の一部始終がよく分かるように、手術中の左眼を大きくモニターテレビに映し、付き添いの家の相棒に見ているように言われたのには、すごい先生もいるものだとびっくりしました。

子どもの頃、うなぎ釣りの餌に捕まえたガンタロ（小指ほどの太さの大きなミミズ）に体液を目にかけられ、失明寸前になったり目には相当苦労してきましたが、今話題となっているインフォームドコンセントを、三十年以上も昔から先取りされるなど、立派な二人の先生に出会えて不幸中の幸いです。

（一九九八年九月二十六日）

たばこの煙

一九七八年に「たばこ問題情報センター」を設立され、現在東京で「禁煙ジャーナル」編集長として禁煙運動をされている渡辺文学さんによると、アメリカでは「喫煙者は無知識、無気力、無神経」と評価されているという。愛煙家には誠に申し訳ありませんが、「無気力」以外は日本でも少しあてはまるときがあるようです。

最近は禁煙者が多くなり、木頭村役場もこの四月一日から庁内は禁煙ですが、たまにはヘビースモーカーもおられます。全くタバコを吸わない私などから見ると「電車や飛行機も全席禁煙が多くなっているのに」と、「喫煙者は無知識」であるはずもなく不思議でなりませんが、吸われるにはそれ相当の理由がおありだからでしょう。

会食などで運悪く喫煙者が隣になると「一年間に三千人が受動喫煙で肺ガン死している」と、渡辺文学さんの著書にもありますから気が気でなりません。料理にタバコの煙がどんどん当たっているので「少しは気を使ってくれるかな」と、わざとらしく料理の皿を手前へ動かしてみても、何の効果もないときがあります。

「喫煙者は無神経」とは思いたくありませんが、「目の前の環境はどうなっているのですか」と、タバコを吸いながら環境問題を大声で話されても本当に行動されているのかどうか、疑ってみたくもなります。

私事で恐縮ですが、私は三歳のときから義理の伯母に育ててもらいました。戦時中だったため「兵隊に取られたら苦労する」と、小学入学前に私の左利きを強制的に矯正するなど躾が厳しい伯母で、私が高校生ころからの口癖は「タバコは体に悪いから吸うな」でした。何の学もなかったのに先見の明があった伯母に今でも感謝しながら、小学生や中学生にも「タバコは麻薬」と、説き続けておられる渡辺文学さんにも敬服しております。

（一九九八年十月二十四日）

期・即・連

大学客員教授で、司法試験をはじめ各種の資格試験指導校の学院長や出版社の経営。会計、法律、ビジネスなどの著書数多数。無農薬野菜など健康食品の販売まで、幅広く活躍されている早稲田経営学院学院長・成川豊彦氏に先週やっとお会いすることができました。

高田馬場の本部へ約束の時間より二十分前に着きました。関連組織やグループ校の責任者数十人の大きな顔写真が掲げられた会議室へ。約束の時間より五分程前に現れるなり成川氏はニコニコしながら「遠い所をご苦労さま」と力強く握手をされました。司法試験講座の案内書で「合格だけを考えろ」と、右の拳を突き出したポーズの厳しい顔の写真とは正反対の気さくなお人柄に、初対面の緊張感も吹っ飛びました。

成川氏の幅広い経験からの人生哲学、経営の極意、村おこしまで、約束の時間をはるかに超えて一時間以上も熱弁を続けられました。

示唆に富んだお話でも一番印象的だったのは「期」「即」「連」という成川氏独特の座右の銘で、さっそく朝礼で全職員に披露しております。「期」は期限を定めて仕事や勉強にかかれ。期限の定めの無い仕事は仕事ではないと、厳しい時間管理と私は受け止めました。「即」は即行ですが、的確な判断力と抜群の行動力が無ければ「即行」は不可能だと教えられました。「連」は連絡で、常に十分なコミュニケーションの重要性を再認識させられました。

成川氏は話をしながらも手を休めることなく、数十冊の著書に毛筆で激励の一言と共に成川氏の署名までいただき、同じ徳島県人として感銘と誇りのひとときでした。

（一九九八年四月十八日）

即行シューズ

早稲田経営学院学院長・成川豊彦氏の超多才人ぶりは、「期・即・連」と題してこの欄へもご登場いただきましたが、そのとき是非ご紹介したかったのが「軽い」「疲れない」「スピーディー」が特徴の「成川式・即行シューズ」です。

この靴は成川氏が二十年間調査・研究を重ね、開発費もウン千万円つぎ込まれただけあって、ビジネスシューズにもかかわらず三百グラム前後（二四・五センチ）を実現。スポーツシューズと同様に全力で走れるという逸品です。「ビジネスはスポーツだ。この靴を履けば歩くたびに健康になり、スピーディーになる。靴や足に何らかの悩みや問題を抱えている方はぜひお試しください」と成川氏は推奨されています。そのうえ、フォーマルな場でも履ける高級皮革製の洗練されたスタイルで、黒と茶の二色が用意されています。

主な特徴は、指をまっすぐにする木型で作られているため、親指が変形しにくく、爪先部分に厚みがあり親指が上部にぶつかりません。クッション性にも優れていて、かかとが滑りにくいうえ、紐の部分にD型金具が装備されているため、締めた紐が緩みません。靴底などにも、しっかりした強い芯が内蔵されていて踵がぶれず、足の裏が(1)踵から着地(2)足の内側を通る(3)親指の付け根へと体重を移動させる――という、いつも健康によい正しい姿勢で歩けるように作られています。

私が「村行政」「細川内《ほそごうち》ダム問題」「株式会社きとうむら」と三つの大仕事で毎日元気に走り回れるのも、愛用している「即行シューズ」のお陰です。

（一九九八年六月二十日）

雲南省へ小学校を

徳島県名西郡石井町にお住まいの遠藤憲佑さんは、一年のうち二百日は木頭村の山で過ごすという根っからの木頭村通です。木頭村は標高一九五五メートルの剣山をはじめ標高一千メートル以上の山が四十ほどありますが、このほとんどの山に数回も登っているとのことで、遠藤さんの木頭村の山にかける熱心さには頭が下がるばかりです。

遠藤さんにはじめてお会いしたのは、約三年前に数人で村内の沢を歩いたときでした。沢沿いの珍しい草や花などを見つけると、「この花は〇〇科の〇〇という花で、東京のデパートでは〇〇円で売られている。採られないように内緒にしておきましょう」などと、植物にも詳しく、いつお会いしても行動的で話題が豊富な方です。

「中国の雲南省へ小学校を建てる運動をしている。小学校を一校建てる費用の二百五十万円は集まったので、近く送金する。しかし、学校を建てても、雲南省では貧しくて小学校へも通えない子どもがほとんどなので、これから月千円の奨学金を募りたい」と、先日久しぶりにお会いした遠藤さんから聞かされ、見識深く実行が素早い遠藤さんに感服しております。

遠藤さんによると、お茶、豆腐、餅、赤飯など、日本の食文化のほとんどの発祥地は雲南省だといいます。地形や気候などが木頭村によく似ていて、二十二の少数民族が山村生活を続けているらしい。

雲南省では日本円でわずか二百五十万円の小学校もなかなか建てられないというのに、日本の山村などでは何億円もかけた立派な小学校などが過疎でどんどん廃校になっています。何とも、もったいない限りです。

千円もあれば、小学生一人が一カ月通学する費用は十分だとのことです。私もせめて何人かの里親を引き受けたいと、相棒と相談しているところです。

（一九九八年五月三十日）

「田中正造」型首長

「何としても本物の清流を残し、ダムに頼らない村づくりを応援したい」と、この六年間に木頭村へ来て下さった政治家、学者、弁護士、ジャーナリスト、環境保護団体や活動家などは村民数の何倍にもなったと思います。村のダム対策室や私の日記などで可能な限り記録はしておりますが、来村されたすべての方を把握できていないのが何とも残念なことです。

〝金帰月来〟とかいわれますが、国会議員は毎週のように金曜日の夜の飛行機などで選挙区へ帰り、選挙対策を兼ね土曜日から日曜日にかけて支持者の集会や婚礼に出席。月曜の早朝に出発して、国会に間に合うように東京へ帰る。こんな生活を余儀なくされている先生方が多いという。

幅広い活動で多忙な時間をさいて、一票にもならない木頭村へ秋葉忠利広島市長には衆議院議員当時にきていただきました。また、私が上京した時は何回も議員会館でお会いして、「ダムに頼らない村づくり」のご指導を受けたり、アメリカはなぜダムをやめて水政策を百八十度転換したのかの調査にワシントンなどへも連れて行っていただきました。

先の統一選挙で首都東京で初めて女性市長になられた国立市長の上原公子さんも、約二年前の市議会議員の時に激励にきてくれました。東京都や埼玉県、千葉県などの多くの女性自治体議員と共に、村役場で「助けたいという母性本能をくすぐる村長」と冷やかされたのが昨日のようです。

両市長選挙が激戦だったのに、私は何のご恩返しもできず誠に申し訳ない気持ちでいっぱいです。四月二十日付貴紙の「記者の目」によると、有権者が最も望んでいる政治家像は「田中正造」だという。お二人を筆頭に、木頭村へきていただいた政治家は全員が「田中正造」だと、確信は深まるばかりです。

（一九九九年五月八日）

ダムの輸出

フィリピンのルソン島で巨大ダム・サンロケダム建設に反対をされている、ロメオ・ボクディンさん（三四）が一九九九年九月末に現地から木頭村へお越しになりました。

ロメオさんによると、パンガシナン州のアグノ川下流部にこのダムは建設が予定され、事業費十二億ドル（一千四百億円）、高さ二百メートル、幅一千百三十メートル、貯水量八億五千万立方メートルの巨大ダムで、もし建設されるとアジアで最大のダムとなる。ダム建設予定地の上流にはビンガダムとアンブクラオダムが一九五〇年代に建設され、イバロイ民族の人々は立ち退き補償もされずに土地を失っている。下流のパンガシナン州は有数の稲作地帯で、一期作、三期作が行われる豊かな水田地帯の多くもダムが建設されると失われ、現金収入の川岸での砂金採りもできなくなる。このように、ダムは上下流の約二万人の死活問題で、イバロイ民族を中心にパンガシナン州や国会議員の反対運動が活発になっているが、国は建設を強行しているという。

ところが、日本の川という川はダムで埋め尽くしたため、外国の川にねらいをつけたのが日本輸出入銀行です。(1)低地の洪水、ダムの決壊、地震によるダム災害、毒性の高い水は潅漑《かんがい》用・家庭用として適さない。アグノ川に大規模な堆砂《たいさ》がおきる(2)ダムで影響を受ける人々と真の協議をするのが融資の条件であったが、この条件は満たされていない。協議は第三者機関により、日本の国会議員、大蔵省、輸銀が立ち会いで行う(3)上流のイトゴン市でダムの影響を受けるのは六十一世帯としているが、二万人が無視されている――などを理由にロメオさんは今回、輸銀や大蔵省、国会へ融資停止の嘆願書を提出されています。

木頭村と同じ闘いをしているロメオさんたちを、村議会や村民と共に微力ながら応援したい。

（一九九九年十月二日）

続・ダムの輸出

フィリピンのルソン島の巨大ダム・サンロケダムに現地で反対をされている、ロメオ・ボクディンさんが一九九九年夏に来村されたことはこの欄でも報告のとおりですが、二〇〇〇年末には、村から田村好村議と玄番隆行さんが地球の友ジャパン（本部・東京）の人たちなど二十人と現地を訪問されました。

サンロケダムは、フィリピンの日刊紙メトロなどによると、日本輸出入銀行の融資で、丸紅、三菱、日立、東芝が共同で発電用に建設中で、バイロイ村の原住民は立ち退き補償もなく土地を失ったり、上下流の約二万人の死活問題となり反対運動が強くなっているが、国は建設を強行しているといいます。

玄番さんは、ロメオさんが来村した時に「物やお金はいらない。村の自給自足の生活で十分だ」と言い切る「理由」を知りたかったそうです。実際にメトロマニラを見た後、村を訪れるとその圧倒的な「豊かさ」の違いに驚きを覚えました。物質とか治安とか一見してあらわな事柄だけではなく、先住民の住む山岳の村には、自然との調和と人の結《ゆい》が今もなお生きていて、ロメオさんのこの地に対する思いが少し分かったような気がしたといいます。

それだけに、ダムは絶対に受け入れられない「魔物」なので、これからもライステラスとフルーツの木々に囲まれた「楽園」で、バイロイの子どもたちを育てるために彼は闘っているのです。

那賀川（細川内ダム）・吉野川（第十堰）・四万十川（家地川ダム）に代表される四国の河川環境を守る運動も、バギオの教会で現地との交流会の際、何と、阿波おどりで「ダム反対の連帯」を全員で訴え、国を超えた「民際」交流を徳島からの参加者が実現させたのです。玄番さんはこのように成果を報告されています。

（二〇〇〇年四月十五日）

第四の権力

一九九七年十一月二十五日、本多勝一氏が「細川内ダム計画」などの取材に木頭村へ初めて来られました。この記事が一月十六日発売の「週刊金曜日」に、「公共事業に勝った村、負けた村」との見出しで、十ページほどに報じられました。発売当日は午前中に上京したため、早くこの記事を読みたいと、あちこちで用事を済ませながら、都内の数軒の書店へ寄ってみましたが売られていません。「週刊金曜日はありますか」と尋ねると、「あれは会員制ですから」と会員の私に教えてくれる店員さんは有難い方で、全く誌名も知らない書店もあり、やっと新宿の書店で手に入れたのは夕方でした。

大東京でなぜこのように一般書店で「週刊金曜日」は売られていないのでしょうか。徳島市内でも「週刊金曜日」は何軒かの書店で売られており、会員制が書店に置かない理由にはならないと思います。これは、広告で埋め尽くされプライバシーの暴露が主な記事の週刊誌が、どの書店にもうずたかく積まれているのと対照的です。

四年ほど前の「週刊金曜日」の創刊のことばの中には「腐敗しつつある権力は、国民に『知られる』ことをまず最も恐れます。知られなければ国民の怒りも起きようがないはずなのですから。したがってジャーナリズムは、国家権力としての『三権』からは全く独立した市民のものでなければならず、そこに俗称、『第四の権力』たる意味も役割もあるわけです。この重大な時期に、日本のジャーナリズムははたして第四権力の名に恥じぬ役割をつとめているのでしょうか」と書かれています。

編集委員の本多勝一氏「ニセモノに充満するこの現代日本にあって、私たちはホンモノのジャーナリズムのために微力をつくしたい」と。三万五千人の広告の無い「週刊金曜日」をもっと。

（一九九八年一月二十四日）

モンゴルから村へ

四人目の外国からの村民は、はるばるモンゴルからお越しになりました。「(株)きとうむら」の職員・栗原広之さんの奥さんガナさんで、三十代の若いご夫婦には九カ月前に可愛らしい女のお子さん凛ちゃんが生まれています。数年前に結婚され東京に住んでおられましたが、三人お揃いで今月から木頭村民に仲間入りされました。

十五歳の時からモンゴルを想い、やっと素晴らしい女性に巡り逢った栗原さんも、結婚の手続きの煩わしいのには恐れ入ったそうです。

栗原さんによると、国際結婚で手続きが簡単で交通費も少なく抑えるには⑴日本国でまず書類だけで結婚を成立させ⑵その結婚証明書をモンゴルに郵送して届ける——との方法で、これだと結婚が両国で成立して、ビザを携えて片道切符で嫁入りしてもらえます。

在日モンゴル国大使館では、決まった書式も前例も無いのに、日本の法務省が証明に必要としている「婚姻要件具備証明書」を素早く作ってくれたのに、問題だったのは東京の区役所。結婚届などすべての書類を揃えて提出したのに、「相手が日本国にいない状態で結婚を成立させた前例がない」ということで、法務省への「受理伺」が必要となってしまった。法務省のお墨付きも出、目出度《めでた》く結婚が成立したのは、手続きを始めてなんと三カ月後だったといいます。

栗原さんは「モンゴルとの交流が深まるにつれて結婚の件数も増えています。一方、婚姻条件や手続きはいっそう難しくなり、苦労も多いです」と話されています。

ガナさんは「木頭村は『何も無い所』と聞いて来ましたが、深い自然があり、モンゴルを思い出します。雪の朝、山と雪とのコントラストがとても美しい」と雪景色がお気に入りのようで、私もほっと一安心といったところです。

（二〇〇〇年二月十九日）

ギロチン

「諫早の干潟殺すは他所事ならず、次に死ぬのは有明の海」と、ギロチンで知られる長崎県諫早湾の干拓事業に反対するなど、諫早市で自然を守る活動に取り組んでいる「諫早自然保護協会」（向井安雄会長）の会員や市会議員、一般市民の皆さん三十八人が二〇〇〇年三月十八日に木頭村へお越しになりました。

木頭村の高石康夫村議会議長や富田光夫参事（企画・ダム対策室長）の案内で、事実上中止の「一時休止」となっている細川内ダム計画の建設予定地と言われていた場所や、小見野々ダム、杉の間伐材を利用した集成材加工場などを視察されました。同市でも新たなダム建設が進んでいることもあり、百年間に堆積《たいせき》すると見込んだ砂の量の約九十%がわずか三十年ほどで堆積している小見野々ダムの惨状には、びっくりしてカメラを向けられていたそうです。

村の文化会館では、村議会ダム反対対策委員会の七人の議員との懇談会や、村民との交流会も行われ、「干潟も清流も守ろう」と意気投合し、互いに民謡などの披露もあり、いっそう交流を深められたとのことでなによりでした。

諫早市はもちろん全国の方々から、協力金をはじめとした多くのご支援を頂いております。「(株)きとうむら」へも全員がお寄りになり、特産のゆず酢「木頭村ゆずしぼり」など沢山のお土産まで買ってくださったそうで、誠に有り難うございました。私は当日、村外で所用があり大変失礼致しました。

作家の倉本聡さんが「国自身の意志により、平和時における大きな犯罪を冒しました(中略)。この犯罪への贖罪《しょくざい》は、それらの鉄板をとり外すこと。死せる干潟を再び潮で満たすこと。只《ただ》それだけしかありません」(写真集『いきろ諫早湾』)と書かれているように、ギロチンが一日も早く取り除かれることを祈るばかりです。

(二〇〇〇年三月二十五日)

愚行先取り写真集

岐阜市にお住まいの増山さんから「増山たづ子徳山村写真全記録」(影書房)をいただきまし

た。

「出て行く者の悲しさを／ああ誰が分かってくれようか／我が愛しき山よ川よ／お前たちをしのばずにはいられない／さようなら山と川／いつまでも私たちの幸福を見守っておくれ」。「空家の壁にこんな落書きがあった。皆が故郷を出るときは泣きながら出た」と、増山さんの説明にあります。徳山ダムで四百六十世帯の村を追われた人たちの声が私にも聞こえてくる写真です。日付は八四・一一・四となっています。水源地域対策特別措置法によって当時の徳山村と藤橋村が水源地域に指定され、村の人たちが移住を始めたのが一九八四年五月だから、そのころに村を出て行った家かもしれません。

一九一七年に徳山村で生まれた増山さんは、ビルマのインパール作戦で不明になったご主人が帰って来たときに、ダムになっていたら説明のしようがないので、六十一歳の時からピッカリコニカで撮り始めたといいます。田植え、祭り、壊される民家、大雪に半身を埋めながら補償金を目当てに来る銀行員まで。二十年間の約七万枚の写真から選んだのがこの写真集です。

木曾川水系の牧尾ダムなど四つのダムの水利権の三分の一しか水を必要としていない岐阜県の例のように、徳山ダムは全く必要のないダムというのが、識者の調査結果です。ダムや水問題の専門家が一人もいない、徳山ダム審議委員会は一九九七年二月「推進以外になし」と結論を出しています（一七頁表1参照）。

こんな不必要なダムを藤橋村[注]に造らせてはなりません。縄文時代から延々と続いた貴重な村の文化をヘドロに沈めて村民を追い出し、日本最大の巨大ダムとなる徳山ダムが建設されたなら、十年とたたないうちに「日本最大の愚行」であったことが証明されるでしょう。それを先取りしているのがこの写真集です。

（一九九八年二月二十一日）

＊注　徳山村は一九八七年に廃村となり、藤橋村に編入された。

第五章　全国を歩く

有機栽培の小川町

光陰矢のごとしと言われますように、私も木頭村へ帰ってあっという間に六年が経ちました。NTT職員から「何としてもふる里をダムに沈めてはならない」と急転直下の転身で、今でも毎日が目から鱗が落ちることばかりと言っても過言ではありません。私は初めての人との対話や大勢の人の前で話をするのが苦手なのですが、できるだけ多くの方々にお会いしたり、あちこちへ出掛ける機会はなるべく逃さないようにしているつもりです。先週も埼玉県比企郡の「小川町自然エネルギー研究会」のお招きで素晴らしい方々と交流していただき、大きな財産がまた増えたと、とても感謝して帰りました。

その日は小川町公民館へ「自立した里をつくるために」をテーマに、「研究会」の会員の皆様や「株式会社きとうむら」へ協力金を頂いている東京都内の熱心な〝木頭村《きとうそん》ファン〟の人達など二百人ほどが集まられました。

小川町の増田幸次町長は農業を営まれており、ゴルフ場建設反対を公約に一九九八年五月に初当選されています。私も農家で育ちましたので増田町長との会場の対談では意気投合し、子どものころに農耕に使っていた牛に角で突かれたり、当時はすべて今でいう無農薬有機栽培だった話にまで発展しました。

ところが、太陽光発電や生ゴミと家畜糞からのバイオガスなどの自然エネルギーを利用しながら、有機農業にとりくまれている方から「とても感銘を受けた」と、ほめられました。私も昔取った杵柄《きねづか》の無農薬有機栽培を始めてみたいのですが、家の相棒の小さな野菜畑の草取りも手伝えない現状では当分はお預けのようです。

手漉《す》き和紙やお酒などが特産の小川町の花は福寿草で、くしくも木頭村の花も同じです。これからも小川町の方々といっそう交流を深めて頂きたいと願っております。

（一九九九年四月二十四日）

水と人の共生を

水と人との共生をテーマにした第十三回水郷水都全国会議が、一九九七年十月十八日から十九日まで鳥取県米子市で開かれ、自然保護運動などに取り組んでいる先生方や全国のＮＧＯ人達と共に参加しました。

宍道湖・中海淡水化反対運動をきっかけに、一九八六年に第一回会議が松江市で開かれ、今回の会議はギロチンで全国に知られた諫早湾の干拓問題や、ダムなどの公共事業による環境破壊や税金の無駄遣いを主なテーマに、「水を活《い》かした町づくり」「湿地保全と賢明な利用」「水と森林」「水環境と漁業振興」「水と環境教育」など六つの分科会が開かれました。私は「水・公共事業の転換」の第六分科会にもパネリストとして参加しました。村民の誰もダム計画のダの字も知らない二十数年も前に、当時の田中角栄首相が談合表まで作っている（共同通信社『談合の病理』）、ムダな公共事業の典型である細川内《ほそごうち》ダム計画に、人口わずか二千人の小さな村が村民・議会・村長の三位一体で反対している理由。ついに、一九九七年八月二十六日亀井静香建設大臣（当時）の「細川内ダム計画の来年度予算をゼロにして、一時休止にする」という事実上の中止は、木頭村がダム審議委員会入りの条件の一つにしている「細川内ダム事務所の撤去」に応じたものであることなどを報告しました。討論では、三十年も前の高度経済成長期の計画で、水需要などの根拠がなくなったムダな計画を中止するためには、「公共事業見直し法」が必要なことなどを提起しました。

地方分権などとまことしやかに言われながら、細川内ダム計画のように、地方のためにならない公共事業が全国に何百と指摘されていますが、国の計画にノーと言っている首長も私だけではなく、ムダな公共事業は確実に見直しへ向かっていることを確信した会議でした。

（一九九七年十一月一日）

「千曲川」に続こう

全国にダムは約二千五百基あると言われていますが、これは高さが十五メートル以上の巨大ダムですから、それより小さなダムはどこに何基あるのか、誰も調べることさえ不可能なほど無数にあるといっても過言ではありません。木頭村にも巨大ダムが一基と、高さが十五メートル未満の砂防ダムが数百基ありますから、全国には恐らく百万基前後あるのではないかと推定しています。「ダムのない最後の清流」などとまことしやかに宣伝されている川もありますが、これは真っ赤な嘘です。本流に十五メートル未満のダムが何基かは必ずあり、支流には巨大ダムや砂防ダムが無数にあるのですから、「本物の清流」で育った私は水も相当濁っていると断言できます。

全国の川という川はダムで埋め尽くされているのに、建設中や計画中の巨大ダムがまだ約六百基もあるのですから、異常としか言いようがありません。そのうえ一基に数千万円から数千億円の税金などが投入されるというのに、計画が妥当かどうか、地域に本当に必要なのかなどについて、地元の首長や自治体議員から国会議員まで、徹底した議論の場がほとんどない法体系ですから、これもまた異常なことです。

このような異常なダムでも、自治体の反対は全国で木頭村だけという、またまた異常が続いていましたが、やっと長野県で正常化の兆しが見え始めました。「千曲川旅情の歌」で知られ、景勝地や年間売上数百億円とも言われる「高原野菜の供給基地をダムでつぶしてはならない」と、南佐久郡南牧村、川上村など五町村長がこのほど「千曲川上流ダム計画の白紙撤回」を建設省や県に文書で申し入れました。

借金漬けのムダなダムで、ふる里をこれ〝異常〟に沈めないためにも、「千曲川」に続く町村を心ある人々は待っております。

（一九九八年三月二十八日）

ゲートを上げよう

「救え長良川、救え全国の山・川・海」をテーマに、長良川河口堰建設をやめさせる市民会議（天野礼子代表）主催の、「救え長良川シンポジウム」などが一九九八年九月十二日、三重県長島町や長良川河川敷で開かれ、全国で活動しているNGO代表など約千人と共に「長良川河口堰のゲートを上げよう」と私も参加してきました。

シンポでは、『公共事業をどうするか』（岩波新書）など公共事業関係の著書も多く、国会でほとんど議論されないムダな公共事業を指摘し、法改正による公共事業のシステム改革や再生の方向を明確に主張されている五十嵐敬喜法政大学教授が、「公共事業をどうすればいいのか」と題して講演されたのがとても印象的でした。

五十嵐教授によると、建設省は最近いくつかのダム計画を中止しており、一度決まった計画は必ず推進されるという神話が崩れたことは画期的なことだが、困ったことも起きているといいます。その一例として熊本県の五木村が水没する川辺川ダムのように、建設目的が不明確として下流を中心に続いている強力な反対運動を無視して、予算を百五十％も増やしたり無理な動きが各地で出ているとのことです。

一方では、国の補助事業などを都道府県へ下ろしても破産寸前のところもあり、地元負担分の起債（借金）ができずギブアップしている知事も珍しくなく、国の大型プロジェクトから脱退した県さえあるそうです。さらに五十嵐教授は「公共事業の抜本的な改革を断行すれば、不要不急の公共事業を減らして、高齢化社会対策など福祉予算を増やせるばかりでなく、行政のスリム化や規制緩和、地方分権の特効薬だ」と強調され「低水準の福祉と、高すぎる公共事業をいっしょにごちゃまぜにして削り込めと論じることはまちがっています」と警告されております。

（一九九八年九月十九日）

武庫川を愛する

全国にダムは約二千六百基ほど建設され、建設中や計画中の巨大ダムは約六百基あるといいます。木頭村を流れる那賀川にも三基の巨大ダムがあるように、山間部の大きな川という川はダムで埋め尽くされていると言っても過言ではありません。次に狙われているのが都会に近い小さな川。その典型が兵庫県宝塚市を流れる、せせらぎのような武田尾渓谷に計画中の武庫川ダムでしょう。

同市の武庫川を愛する会（谷田百合子会長、三百七十人）によると、武庫川ダムは長さ六十五キロ、流域面積五百平方キロの小さな武庫川に、高さ七十三メートル、幅百六十三メートル、総貯水量九百五十万トンのダムを計画中で、建設されると予算は五百億円を上回るとのことです。最初は「利水」として計画され、水がいらないとなると「治水」に変わり、最近は「多目的レクリエーション」の目的が追加され、ダムの上に展望台やダム本体の中に多目的ホールまで造られるそうですから何とも奇妙な計画です。

一九九九年一月下旬に同会の集会が宝塚市であり、細川内ダム計画を事実上中止の「一時休止」にこぎつけた経過などを報告しました。

集会でよく出るのは(1)無駄な公共事業はどうすれば止められるか(2)水不足のところもあり、ダムはやはり必要ではないか、というような質問です。(1)には例えば「公共事業見直し法」を制定し、ダムのように環境を破壊し建設や維持管理に莫大な税金や時間を使う事業は計画策定から完成まで、あらゆる段階で常に見直すことが必要。法制定には利権に手を染めていない国会議員をこの会場から当選させることです、と挑発することにしています。(2)については実態に合わない農業用水等の水利権を、水道水や工業用水に回す。雨水の利用や節水等の政策を、国や自治体が本気でやれば水不足どころか水が余るのは確実、と統計等で説明しています。

（一九九九年二月六日）

ダムと「しずく茶」

福岡県八女《やめ》郡の星野村は、一九七一年に計画が発表された真名子《まなこ》ダムに反対を貫かれています。

木頭村も同じように細川内ダム計画に反対している縁で、一九九八年までに二回も星野村から木頭村へ来ていただきました。今度は木頭村から星野村へとのことで、先週の土曜日に私が初めて星野村を訪問しました。

建設省が真名子ダムを計画するという星野村を流れる星野川は、大きな川ではありませんが、珍しくダムが一つもなくヤマメがよく釣れるなだらかな清流です。星野村は村内にある千二百戸の全戸から月に十円を集めて、「真名子ダム建設反対星野村民決起大会」が毎年開かれています。今年は二十六回目の大会で、私は「ダムの時代は終わり」と題して、木頭村の小見野々ダムや長安口ダムの計画の約五倍もの堆砂《たいさ》や、ほとんど水が流れない砂漠のようなダム下流の写真などを披露してきました。

星野村には焼き物などいろいろな特産品がありますが、何と言っても日本一の銘茶・星野玉露の「しずく茶」でしょう。「しずく茶」は蓋付きの小さな茶碗に玉露を四グラムほど（茶サジ一杯）山型に入れ、体温程度にさましたお湯二十CCを周りから静かに注ぎ、蓋をして二分ほど待ちます。左手で茶碗を持ち、蓋を少しずらし、右手の人さし指で蓋を軽く押さえて、水滴のしずくだけをいただきます。トロリとした甘さと緑の香りのふくよかな味わいは何とも言えません。二回目は同じようにしていただき、三回目は五十度、四回目は八十度とお湯の温度を上げると、煎茶のような渋みも味わえます。

「しずく茶」の奥ゆかしい茶の文化と、コンクリートで清流をやがて産業廃棄物と化すダムとは、どうしても相容れません。星野村の全戸が真名子ダムに反対されている理由がよくわかりました。

（一九九九年三月十三日）

ダムと災害

神奈川県山北町の玄倉《くろくら》川でキャンプ中、十八人もがダムの放水で流された痛ましい事故は、中州でのキャンプの無謀さは否めませんが、ダムがある限りこれからも再発する恐れは十分です。

報道で知るだけで詳しい状況は分かりませんが、一日に一千百十四ミリの日本記録がある豪雨地帯の木頭村に生まれ育った私の経験則では、どんな豪雨でも中州から避難する時間がないほど急激に増水することは自然の状態ではありえず、今回の事故の決定的な原因はダムの放水にある。事故の前日に、増水する危険があるとハンドマイクで呼びかけたらしいが、キャンプ中の中州が深さ一・五メートルもの濁流に襲われるほど大量の放水の危険が知らされていたのか、などが最低問題点として考えられますが、この放水や警告の仕方によっては尊い人命が救われたかもしれません。

川幅が狭く自然に洪水調節機能がある場所へダムを造って水をせき止めて洪水調節機能を奪い、逆に大水の最中に大量の放水をするのですから、ダムと災害は一対なのです。今回のように大きく報道されていませんが、類似のダム災害は全国各地で頻発しているようです。木頭村を流れる那賀川でも何回もダム災害がありました。中流の長安口ダムの大量放水で、一九七一年に下流の鷲敷町でほんの十五分間ほどで約百三十戸に床上浸水などの災害が出た長安口ダム訴訟でも、徳島地裁はダム災害を認め、二審も放水が原因と判断しています（最高裁で住民敗訴）。

放水を始めたのが前日の午後八時二十分で、十八人が流された翌日の午前十一時三十五分ごろまでには放水開始から約十五時間も経っていたのです。多くの人命が失われたのですから、警告や放水も今回もまた「規定通りにした」では済まされないかも知れません。全国にある約三千のダムの総点検を望みます。

（一九九九年八月二十一日）

またダムの犠牲者

木頭村の入り口には四国電力の小見野々ダムがあります。ダム湖から約五百メートルほど上流で、網を使って鮎漁をしていた村民が先週末に行方不明となりました。その日は相当に増水していたのでダムの中まで流されたのではないかと、村消防団や村職員など多くの村民が懸命に捜索していたところ、五日後にダムの中央部でお気の毒にも遺体が発見されました。

全国のほとんどのダムと同じように、このダムも百年間に堆積すると見込んだ砂の量の約九十%が、わずか三十年ほどで堆積しているひどいダムです。ダム湖からはるか上流までこの砂の堆積は続きますので、大水が出ると下流へ水が流れにくくなり、家屋や田畑などが浸水被害を受けます。村でも何回か住宅や学校、道路などが大きな被害にあいました。しかし、このような子どもでもわかるダム災害を四国電力という会社は絶対に認めないし、裁判でも「ダムは危険なものだが、過失はなかった」などと、裁判所は必ず会社の肩をもつのが例でどうしようもありません。

村議会では、村民が安心して暮らせるように、何回もダム撤去要求決議を繰り返しています。四国電力は申し訳程度に、年間に数万立方メートルの土砂を除去していますが焼け石に水で、ダムへは毎年のように約十万立方メートルの砂やヘドロがたまり、危険は増すばかりです。

川で渕へ流されても下流の浅瀬では助かるからあわてるな、と子供のころによく注意されたものです。これまでに何人もがダムで犠牲になっていますが、今回の村民も川のことは熟知した人だったのですから、ダムがなかったならきっと助かったに違いないと残念でなりません。年にたった四百万円ほどの涙金で、いつも村民が踏んだり蹴ったりの被害を受けている、危険極まりないダムは一日も早く取り壊してほしいものです。

（一九九九年九月二十五日）

ダム撤去の応援を

日本の最後の清流で知られる高知県の四万十川流域には、津賀ダムと佐賀ダム（家地川堰堤《いえちがわせきてい》）

という日本で最悪のダムがあることはあまり知られていないようです。

最悪のダムの一つの佐賀ダムは窪川町にあり、ダムの水は山をくり抜いた十五キロメートルのトンネルで佐賀町の伊与木川の佐賀発電所に送られ、発電済みの水は伊与木川から太平洋へ流され二度と四万十川を流れることはありません。二つめの最悪のダムは大正町にある高さ四十五・五メートル、幅百四十五メートルの津賀ダムです。このダムの水は九キロメートルのトンネルで下流の十和村にある津賀ダム発電所に送られています。

最も被害を受けているのは大正町です。津賀ダムの下流にはダム撤去の運動（一九八九年に水利権更新）の成果で、常時毎秒一・一五トン、夏のアユの季節のみ毎秒一・九五トンと言い訳程度の水を流していますが、佐賀ダムから下流の松葉川には、台風などの大雨の時以外は一滴の水も流されず大正町では死の川となっています。

十和村によるとこの二つの最悪のダムは、流域住民の生活のためではなく軍需産業の発電目的（佐賀ダムは一九三一年、津賀ダムは一九四四年）で一方的に四国電力（前身）が建設しました。ところが現在の四国電力の年間総発電量の約二百五十五億キロワットに対し二つのダムの年間発電量はわずか約一・九億キロワットで、なんと年間総発電量の〇・七％。そのうえ四国電力は四国で余った二十億キロワットを近畿などの大都市に毎年売っているといいます。

流域住民にとって何の役にも立たずほとんど発電もしていない、四万十川の中流域を死の川と化している二つのダムのうち、佐賀ダムの水利権の期限は二〇〇一年四月と迫っています。

大正町、十和村、西土佐村など流域町村のダム撤去運動を応援したい。

（一九九九年八月十四日）

四万十谷

日本の最後の清流と宣伝されている高知県の四万十川にも、津賀ダムと家地川ダム（取水堰）という日本で最悪といわれているダムがあり、このうち家地川ダムの水利権の期限は二〇〇一年四月と迫っています。

このダムで、台風などの大雨の時以外はほとんど水が流されないため、四万十川ではなく「四万十谷」となっている大正町では、四国電力に家地川ダムの水利権を認めず、ゲートを開けたままにして、ダムの残骸は、ほとんどの川を殺した二十世紀の愚かな負の世界遺産として残そうと運動されています。二〇〇〇年二月二十日にも大正町で「よみがえれ四万十」のシンポジウムがあり、五人の村議会議員と共に私も参加しました。

河川法では、川の取水には河川管理者（建設省）の許可が必要とされています。許可の期限は原則として発電は三十年とされ、更新の申請があれば「特別な事由」が無い限り不許可にしないことになっています。

村内の四国電力の小見野々ダムでも、何回もの大きな水害や村民の命が犠牲になっています。村議会では村民が安心して暮らせるように、ダム撤去要求決議を繰り返していますが、この悪法のために数年前に水利権が更新されていますので、大正町の悲願は木頭村の悲願でもあるのです。

環境や文化など川の持つ最も重要な要素を全く考えず、水を取ることだけを目的とした、百年以上も昔の一八九六（明治二十九）年の法律をたてに、川を殺し続けられてはたまりません。全国の多くのダムでも砂がたまり、この砂を取る方法も捨てる場所もありません。ダムの下流は文字通り川の墓場となり、至る所で海岸の浸食は進む一方です。これでも、河川法では「特別な事由」がないのでしょうか。

（二〇〇〇年二月二十六日）

九十％が反対

徳島県の吉野川の第十堰（固定堰）を取り壊し、長良川河口堰より大きい河口堰（ダム）を造るという、可動堰計画の賛否を問う全国初の住民投票が徳島市で二〇〇〇年一月二十三日に行われ、有権者の約五十五％の十一万三千九百九十六人が投票し、うち反対票が九十％と圧倒的な大差で決着しました。

民主主義に逆行する多くの困難を克服して、住民投票を成功させた徳島市民の運動は大きく報じられているように、ムダなダムなど不要不急の公共事業の見直しを加速する歴史的な快挙であることはいまさら言うまでもありません。

しかし、住民投票条例で投票の時期が決まっていなかったため、何としても投票にこぎつけたいという良識派議員の苦渋の妥協とはいえ、投票率が五十%以下なら開票しないとか、投票運動を制限するなどの反民主的な条例は、住民投票が成功したからといって不問に付すことはできないでしょう。

次に、ダム推進派のなりふり構わぬ宣伝です。その一つは、「オランダの河川学者のデレーケが『第十堰は危険だから取り壊せ』と言った」というものです。ところが、一八八四（明治十七）年のデレーケの報告書は、修理費がかさむことや、船の運航のために取り壊すとどういう影響があるかを主に述べたもので、第十堰は危険だから取り壊せとは書いていません。

また、「昔に第十堰が大水で壊れた」というものです。これも、一九二三（大正十二）年の記録には、船が迂回していた別の川の工事が大幅に遅れたため、船頭たちが生活に困り堰の青石を夜中にはがしたのが原因で、自然に堰が壊れたのではないことを明記しています。

これはごく一部の例ですが、歴史書を自分の主張にすり替える部分的な曲解などにまどわされず、事実かどうか、そのときの背景などを正確に調べてみることが重要です。

（二〇〇〇年一月二十九日）

続・九十%が反対

反対票が九十%で決着した、徳島県吉野川の可動堰（ダム）計画に対する徳島市の住民投票をめぐる若干の問題点について先週も書きましたが、多くの問題を残しており、とうていこの欄で書けるスペースも能力もありませんが、もう少し触れてみます。

河口堰は命に係わる専門的なことだから、住民投票という多数決で結論を出すべきではない。議会制民主主義が脅かされる、などというダム推進派の奇弁の吹聴があります。

首長や議員は有権者が直接投票で選ぶことや、町村は条例で間接民主制の議会を置かず、有権者が直接参加する総会制もできることが地方自治法に明定されているのを見れば、直接民主制が原点であることは明らかです。間接民主制は次善の策とみるべきです。

間接民主制の下でも有権者は首長や議員にすべてを負託している訳ではなく、貴重な大自然の環境を破壊し、膨大な建設費や維持費を伴うダムなどは住民投票で決めるのはしごく当然だと思います。

議会制民主主義を脅かしているのは住民投票ではなく、民意を反映していない議員が多い議会だと思います。住民投票はこれを逆に補完する有権者の苦肉の策と言っても過言ではありません。

民意を反映していない最たるものは、現在の自民・自由・公明の自自公政権でしょう。長期に続いた公共事業中心の政策で、選挙を見返りにゼネコンなどにダムなどの工事を配分する。この方式で権力と既得権を持っているので、建前は国民の代表を装っても、ほとんどの有権者はこんな旧態依然とした政府など支持していないという世論調査もあるように、次の総選挙で結果が明らかになるのはほぼ確実と思われます。

国の大型公共事業に対する徳島市民の「ノー」の回答はこれを少し先取りしたまでです。

（二〇〇〇年二月五日）

第六章　日々を生きて

「超」未整理

文化人類学者の梅棹忠夫氏の『知的生産の技術』を読み、とにかく新聞切り抜きをＡ４の紙に張ることを教えられてから約三十年間、私の紙くず収集ぐせはなおりそうにありません。

月に二、三回は写真付きの記事を書くという新聞社の手伝いを始めた十数年前には、いよいよ〝切り抜き病〟がひどくなり、切り抜くまではよいが、Ａ４の紙に張るのはおろか分類どころではなくなりました。そのうちに、「これはよい記事だ。このコラムも参考になりそうだ」と、新聞をそのまま残しておかなければ「後で大変なことになる」という強迫感に襲われるようになってきました。毎日、朝日、読売、地方紙、の四紙を月ごとにナイロンの紐で束ねて、数年分を二階の六畳間いっぱいにうずたかく積み上げたからたまりません。新築してまもないわが家の自慢の土壁にヒビがいり、襖の立て詰めも悪くなってきました。おさまらないのは相棒です。「早く処分しないと新聞の重みで、二階の根太が落ちる」と大工さんが言っている、と専門家の加勢作戦に出ました。ついに、志賀直哉の小説の清兵衛が先生に瓢箪を取り上げられるような気持ちでちり紙交換に出されてしまいました。

村長になってからは、時間がなくなり新聞切り抜きは半ばあきらめていますが、資料の収集ぐせは全く直りそうにもなく、相変わらず整理ができていないのでどうにもなりません。整理方法はいろいろ迷った揚げ句に、約二年前から有名な野口悠紀雄氏の「超」整理法の、とにかく一日分の書類を日付を書いた大きな封筒に入れるという、「押し出しファイリング」に落ち着きました。しかしこれも未整理で、家の六畳間が封筒の山になってしまいました。やがてこれも〝瓢箪〟になる日が近いのではないでしょうか。

（一九九七年十二月二十日）

本を集める

私事で誠に恐縮ですが私の趣味は、釣り、山歩き、写真、ランニング（十年ほど前には四二・一九五キロメートルのフルマラソンも走りました）、将棋、読書とかなり欲張っています。しかし最近は本来の村行政、細川内《ほそごうち》ダム計画の反対、三セク・「株式会社きとうむら」の経営と、だんだん自分の時間が無くなり、何とか読書だけはとの気持ちはありますが、これもほとんど〝積ん読〟となり何とも情けない限りです。

いつか時間ができたら読みたいものだと、興味のある本の広告を見るとすぐ通信販売で申し込み、本屋で良い本が見つかると「こんな本は滅多に売れないので、今買わなければ絶版になる」と、妙な理屈で次々と買い込む衝動買いを続けています。この調子で、狭い借家はどんどんと本で埋まり、家の相棒からは「本は図書館で借りて読むもの。本を買う金があったら老後に備えよ」と、いつも正論で攻撃され返す言葉もありません。

哲学者で市民運動家の久野収さんが一九九九年二月に急逝されました。私の約四十年前からの愛読書の著者・本多勝一さんは久野さんへの追悼文で、久野さんの自室に案内されたときのことを「本や雑誌の山の中で私たちは歓談しました。それはもう本当に『山』というより『山脈』になっていて、積みあげられた本や雑誌の山脈のところどころにある穴で互いにのぞきあって話すような感があるほどです」と書かれているのを読み、思わずうなってしまいました。

私もまだまだ本を集めて、こんな夢のような生活をいつかはしてみたいものだと、ひそかな願いは大きくなるばかりです。子供がプロ野球のマークが入った野球帽を買ってもらって喜ぶのにそっくりだと笑われそうですが、せっせと本を買いあさる癖は治りそうにありません。

（一九九九年四月三日）

おだてに乗って

「ふる里をダムに沈めてはならない」と、私も木頭村《きとうそん》へ帰ってこの四月ではや五年になろうとしています。国のダム計画を中止させるお手本などがあるはずもなく、全く素人の村長ということでダム問題に関心のある人も、まさかここまで中止に向かうとは誰も考えなかったことでしょう。それが村内はもとより全国的なご支援で、一九九七年度予算が建設省としては異例の、建設費から調査費へ格下げとなりました。さらに一時休止で来年度のダム予算はゼロとなり、細川内ダム計画は日本で初めて村長が委員の半数を推薦する審議委員会で中止、変更、継続について幅広く審議される方向となりました。

一九九七年六月、亀井静香建設大臣（当時）が「計画を白紙にもどす」旨の発言をされてからは、それまでは一カ月に一度程度だった私への講演の依頼が、毎週のように全国各地からなされるようになり驚いております。私は依頼の度に「行政経験も少なく、ダムや水問題の専門家でもないから」とお断りしても、「来てくれるだけで元気になる」などとおだてられ、つい引き受けています。スケジュール管理は自分の電子手帳でやっているため、うっかり入力もれでダブル・ブッキングとなったり、承諾はしたのにどうしても日程調整ができず、代役を急に村議さんにお願いしたり、あちこちに大変な迷惑をかけてしまったことも数回あり、深く反省をしております。

この日曜に行った、滋賀県内の自然保護団体でつくる「びわ湖自然環境ネットワーク」（寺川庄蔵・代表幹事、三十団体）のシンポジウム「よみがえれ！　ふるさとの川」の私の顔写真入りのポスターが二週間ほど前に送られてきた時も、電子手帳に入っていないのでびっくりしました。しかし、何とか二十四日の早朝に家を出て大津着。シンポも二百人と大入りで今週はほっと胸をなでおろしたところです。

（一九九八年一月三十一日）

電子手帳

新年を迎えられ手帳も新しくされた方も多いかと存じますが、どれにしたものかと毎年のように手帳選びは私の大きな悩みでもあり楽しみの一つでもあります。

私のいう手帳は、毎日の予定欄やメモ欄、住所録などが最低備わっていて、携帯にも比較的便利なノート類を指し、できればすべてこれ一冊でという欲張りなものです。

ここ二十年ほどの手帳遍歴は、まずB5判とA5判の日記帳形式が始まりです。毎日の記入欄や自由なメモ欄が割合多く便利そうなので、あれこれとかなりの種類を使ってみましたが、会議や講演などのメモまですべてこれにまとめるのはとても無理なことがわかりました。また、日記は別に付けていますので、日記帳を二冊も使っているような気がするのと、特にB5判は大き過ぎて重く携帯に不便だという決定的な短所があり、どの判も約十年前から全く使っていません。

かなり私の要求を満たし最も実用的なのはA5判のシステム手帳でしょう。これには一時ぞっこんほれ込んで、ドイツ製まで使ったほどです。しかし、これも狭い会場などではサイズが大きく開きづらいし、リングが邪魔になり文字が書きにくい。厚くて重く携帯には向かないという必然的な欠陥はどうすることもできません。

これらの不都合を補い、はがきフォルダーから電卓まで、あらゆるリフィル類がそろっているバイブルサイズのシステム手帳に落ち着きそうですが、まだまだ難問が山積です。

メモ用のリフィルも細長く実際に字が書ける紙面は少ないので、少し長い文章ではすぐに数枚は使ってしまいます。名刺フォルダーなども気が利いているようですが枚数が限られているので、いつも専用の名刺フォルダーに差し替えが必要であまり役にはたちません。一方、携帯に便利なようにできるだけ薄くするためには、いつも使用済みのリフィルはリングを開けてはずし、別のフォルダーに分類して保管しなければならず、これが無精者の私にはシステム手帳が不向きな最大の理由です。

すべてを済まそうなどという、私の欲張った考えを一冊の手帳に要求するのは、どだい無理なことはわかっているのですが、便利だから人にもすすめたいし、毎年これを使いたいという手帳は残念ながら見つかりません。以上の手帳の不備に加えて、どうすることもできない最大の弱点は、当たり前といえばそれまでですが、記録が紙に手書きのため検索や再活用がほとんどできないことです。つまり、重要なメモでも簡単に他の文章に書き換えたり、ＦＡＸや電子メールで送ったりできないのが致命的です。

「そんなことを無理に手帳でやることはない。パソコンやワープロを知らないのか」と言われる声が聞こえてきそうです。パソコンやワープロは私も少しは使いますが、携帯にはまだまだ大きさ、重さ、電池の寿命がいまひとつで、やはり妥協できるのは電子手帳でしょう。

私が二年前から使っている電子手帳は、住所録やスケジュール管理、表計算、ワープロ、手書きメモ、デジタルカメラ、インターネット、電子メール、ＦＡＸなど、およそ事務的なことはほとんどこなせます。紙に書くようにはゆきませんが、手書き入力もかなり正確です。カラーディスプレーも比較的大きくて明るく見やすいうえ、重さも約三百グラムでポケットにも入り、携帯電話にもつなげますので実用価値は十分あります。値段、内容充実度、使いやすさと、まず今のところ右に出る代物は無いと言っても過言ではありません。
今年の手帳に迷っておられる方は、電子手帳を試用されてみてはいかがでしょうか。

（二〇〇〇年一月一日）

年収二百万の大作家

ノンフィクション作家で児童文学者の松下竜一氏は、大分県中津市で「草の根通信」を毎月発行されています。この「通信」は、一九七〇年代はじめに松下氏が豊前火力発電反対運動をされていた頃の機関誌ですが、全国の約千五百人の松下ファンの会費で発行が続き今月号は三百三号となりました。子供の頃から病弱な松下氏は、十年ほど前から入退院を繰り返され、病室での綱渡りの編集もあまり珍しくなくなり、毎月上旬に送られてくる「通信」で、ほっと一安心させられているのは私だけではないようです。

家業の豆腐屋をやめられ、緒形拳主演でNHKのテレビドラマにもなった『豆腐屋の四季』（講談社）でデビューしてから一九九七年の『汝を子に迎えん』（河出書房新社）まで約三十年間に三十九冊の本を書かれています。この本の取材だけでも相当の体力がなければできないと思いますが、何カ月間も喘息に苦しんだり、大量の喀血で救急車で運ばれたりの中での執筆活動ですから驚異というほかはありません。それも、現在裁判中の知的障害の子どもの死亡事故で、冤罪《えんざい》事件と言われている『記憶の闇』（河出書房新社）、東アジア反日武装戦線を名乗る死刑囚から獄中取材した『狼煙をみよ』（河出書房新社）、赤軍派の海外逃亡者を描いた『怒りていう、逃亡には非《あら》ず』（河出書房新社）など。ノンフィクション作家はゴマンといてもほとんど手も付けられないと思われる難しい対象の大作が多いうえに、『五〇〇〇匹のホタル』（理論社）のように童話のロングセラーや、教科書にも四作も採用されているのに、松下氏が年収二百万円とは、日本の文化もまだまだこれからでしょう。

今年はいよいよファン待望の、本人が発行を断っていたという前代未聞の『松下竜一全集全三十巻』にご期待を。

（一九九八年二月十四日）

ワープロ病

約六年前までいたNTTでのほとんどの仕事は、別注の大きな端末機（パソコン）をデータセンターの大型コンピューターにつないでやっていました。これがバージョンアップとか言って、仕事別にどんどんとソフトが改良されますので、二、三カ月でやっと新しい仕事を覚えたころにはまたバージョンアップの追い打ちでした。今のNTTの状況は推して知るべしです。

木頭村へ帰ってこんなキーボードの生活ともお別れとほっとしたのもつかの間、秘書の代わりに文章を書いたり、沢山の住所録の管理にはパソコンやワープロ、携帯用の小型でやや高級な電子手帳がなくてはどうにもなりません。

ワープロでは最初からまとまりのある文章を書かなくても、とにかくテーマが決まると思いついたことを箇条書きにする。これを補強しながら切り取ったり張り付けたりしているうちに、いつの間にか文章が完成。保管や編集、検索が容易で、作った文章は他にも簡単に応用できる。モデムがあれば電話回線で簡単にFAXなどに送信できるという、原稿用紙では全く太刀打ちできない大きな利点は万人が認めることでしょう。

しかし、このワープロはキーボードからデジタル方式で字を作るため、指の微妙な感覚で個性的な名字を書く能力や感性が失われるのではないかという、致命的な欠陥があるようです。誤字脱字に無頓着になったりワープロの前に座らなければ文章が書けなくなるという〝ワープロ病〟がこの一例ではないでしょうか。

これらの欠陥を補うのは紙に字を書く感覚の手書き入力でしょう。ところが、手書き入力のソフトやワープロなどもありますが、どれも不正確でとんでもない字が出たり、速度が遅いなどの欠点だらけで、キーボードに代わるものが見当たらないのは残念なことです。

（一九九九年五月十五日）

特約記者

私事で恐縮ですが、六年半前に徳島県日和佐町から木頭村へ帰るまで十一年間ほど、全国紙の徳島支局の手伝いをしていました。

　今のＮＴＴの電電公社に勤めていましたが、ある人から新聞社の仕事を少しやってみないかと言われ、休日などにやるのなら公社の正式な兼業許可が可能とのことで、さっそく支局で面接がありました。文章も写真も見よう見まねでまともに勉強していないと、私は正直に打ち明けましたが、支局長さんは全く意に介さないようで十分もたたないうちに「今月からたのみます」と言われ、決断の速さにはこちらが心配になるほどでした。

　契約は特約記者ということで、さっそく原稿用紙や新聞社名を大きく刷り込んだ腕章やノート、フィルムなど一式を渡されました。やがて大阪本社で記者と同じような立派な名刺も作っていただき、すっかり新聞記者気分になったのがつい昨日のようです。

　新聞社のノルマは全くありませんでしたが、せっかく引き受けたのだからと、当時私は営業係長でいつも仕事に追われていましたが、週に一日は必ず二、三台のカメラをカバンに詰めて取材に出掛けました。日和佐町の大浜海岸に上陸する国の天然記念物のアカウミガメの産卵や、伊勢エビ漁など風物詩のような取材が多かったのですが、思いがけず地方版のトップや全国版に大きな写真も掲載されると、早朝の新聞が生きがいとなりました。一カ月に十七本も記事を送ったことがあり、支局のデスクから「プロよりすごい」とおだてられる半面、二足のわらじに不安になった家の相棒からは「どちらが大切なのですか」とたしなめられたりもしましたが上の空で、私の取材熱は上がるばかりでした。素人の文章や写真を数百回も採用して頂いた新聞社にはいつも感謝しております。

（一九九八年十二月十八日）

公用車を廃止

今年の正月もおかげさまで村内では交通事故もなくほっとしておりますが、徳島市と高知市を結ぶ最短距離の国道一九五号が村の東西を通っており、一九九九年は死亡や大怪我などの痛ましい事故もありましたので、油断は禁物です。

消防庁や警察庁の資料によると大地震など特別の大災害を除く、国内の自然災害による年間の死亡者や行方不明者は七十人から八十人前後です。ところが、交通事故の死亡者は年間約一万人が常態化しています。これも事故から二十四時間以内の死亡者ですから、年間の負傷者の約百万人から推定しても、恐らく実際の交通事故が原因の死亡者は年間少なくても二、三万人以上と思われます。

五年前の阪神淡路大震災の死亡者が約六千人ですから、自動車による交通災害がいかにひどいものであるか。そのうえ自動車による環境汚染は人類が将来地球に生存できる限界に迫りつつあること。さらに自動車による犯罪など車社会の弊害はいまさら言うまでもありません。この車社会を改革するためには、列車などの公共交通システムの充実も重要な課題であるのに、明石大橋の開通で四国から大阪へのＪＲの乗客が減ったことからも、現実にはますます自動車に依存する社会へと、明らかに逆の方向への動きになっているのは否めません。隗《かい》より始めよと約二年前に村長用の公用車を廃止し、出張にはタクシーやバスなどを利用している私が次に目を付けているのは、永田町の議員会館前にずらりと並び国会議員の先生方が乗り降りされている黒塗りの公用車です。私の知る限りでは議員会館周辺の利用が多いようですから、いっそ廃止してみてはいかがなものでしょうか。脱車社会へ向けてインパクトは大きいと思われます。

（二〇〇〇年一月二十二日）

走ってみませんか

夜明けも早くなり、だんだんと暖かくなる三月はランニングの開始には絶好の季節です。私も約二十年前の三月に運動不足の解消にと、軽い気持ちで始めたところ、いつの間にかランニングの面白さに取りつかれ、四二・一九五キロメートルのフルマラソンにも挑戦するなど、楽しいランニング人生を満喫した時もありました。

ランニングも、目的、年齢や個人差による体力、スピードや距離、回数などによって内容が全く違ってきます。私の経験では中高年の人が健康を目的に走るのは、ゆっくりと人と話ができる速さで、一日に数キロを週に三回ほどと言ったところでしょうか。

誰も教えてくれず、ほとんどの人が知らない楽しく走ることを幸運にも発見した私にとって、良いことずくめだったランニングにも落とし穴があります。体力が付くと面白さのあまり走り過ぎて、腰や足を傷める人が少なくないのです。比較的に好調だった私も、走り始めて十年目に右の太ももが痛くて走れなくなりました。もう自分はベテランの健康ランナーだと思い上がって走り過ぎたのです。

当時はランニングをしている外科のお医者さんは徳島県には一人しかいないと言われていましたので、ランニングの経験など全くない近くの接骨院へ通っていると、症状は悪くなる一方でした。通院を止めてほとんど走らないように養生をしたところ、四年ほどで回復しました。だんだんと走りの調子を取り戻していたのに、七年前に木頭村へ帰り生活のリズムが激変してしまいました。時々は走っても続かず、ランニングは半ばあきらめていましたが心機一転、一九九八年末から少しずつですが走っています。

ウオーキングをしている人も、無理のないにっこりペースで少し走ってみませんか。年齢には関係なく何倍も楽しくなります。

（二〇〇〇年三月四日）

街灯とローソク屋

木頭村へ戻る六年ほど前までは、健康マラソンのつもりでランニングに熱中のあまり、運動のし過ぎとなりいつも貧血気味でした。

南阿波サンライン黒潮マラソンで疾走中＝2002年

最近は朝早く出かけて夜は遅く帰る日や出張などが多く、ランニングの時間が取れず運動不足で困っています。また歩くことから始めようと週に二、三回、夜の九時前後に今流行のウォーキングを一時間ほどしておりますが、とても気になるのが星も見づらいばかりにあちこちに明々とともっている多くの街灯です。

いつも大きな懐中電灯を持って出かけていますが、国道沿いから村道まで至る所がまばゆい街灯だらけで、懐中電灯がなければ歩けない所は皆無と言っても過言ではありません。木頭村だけが特に街灯が多いのではなく、恐らく日本中が〝明るい山村〟になっていると思われます。

ところが、この二カ月ばかりの間に街灯の近くを歩いている人に会ったのはたったの一回だけです。つまり、街灯のほとんどは何の役にも立っていないのではないかということです。街灯は防犯灯とも呼ばれます。それも民家の近くなら一理はあるかもしれませんが、人が全く歩くこともない家から遠く離れた国道を、真昼のように照らしている水銀灯にはあぜんとさせられます。私が回っている北川集落だけでも、住宅の数より街灯が多いのですから、この不要な明かりの電力消費量はひょっとすると家庭の電力消費量に匹敵するのではないかと考えています。

昔、電灯ができる前にローソクで大もうけをして政治力を持っていたフランスのローソク業者が、もっともうけようと夜が明けた朝にもカーテンを開けてはいけないという法律を制定させたそうです。今の日本にもまだローソク屋さんがいるかもしれませんので、村内の街灯の調査をする予定です。

（一九九九年十一月六日）

駅前の若者

私は二十代のころにはオートバイで日本一周をしてみたい、に始まってだんだん年齢を重ねる間に自転車、ランニングと変化してきましたが、いまだに「してみたい」に止まりどれも実現は遠ざかるばかりです。それでも、どの準備も相当の段階まで進めておりました。とくにランニングの力は約六年前に木頭村へ帰るまでの十数年間は、一日に数十キロメートルは走れる力を持続しておりましたので、今となっては何とも残念でなりません。

羨ましいことに、高校時代から約二十年間も毎年のように自転車で日本一周をしている知人が木頭村へ先日お越しになりました。旅先では田舎の駅前などでよく野宿をされるそうですが、夜更けに集まってくる若者の自転車旅行者への興味の程度や接する態度も大きく変化しているとのことです。

以前は「どこから来たのか。行き先は。一人でも大丈夫か。面白いか」などの話が自然にはずみ、見知らぬ若者も自転車旅行に大いに興味を示し、すごいことをやっているという態度がほとんどだったといいます。ところが、だんだんと興味さえなくなり、やがて無視に変わり近年は、「目障りだからあっちへ行け」と、邪魔者扱いされたり、時には敵視され身の危険さえ感じるときがあるというではありませんか。これは、かなり大きな町でも小さな町でもほとんど同じ変化だそうです。

自分には自転車旅行などにあまり関心がなかったり、経験もなくても、「自転車で日本一周」などという桁はずれた行動は、大いに気になるというのがこれまでの普通の人間の行動様式で、少しおおげさですがこれが社会を保ってきたと言っても過言ではありません。

人の努力やすぐれた行動にも関心どころか、敵視する社会が来るとすれば恐ろしいことです。どうか駅前の若者だけであって欲しいと祈るばかりです。

（一九九九年九月十一日）

もっと静かに

私は、一般の村行政、細川内ダム計画問題、経営難の村出資会社「株式会社きとうむら」の営業や金策と、やせ馬にいつも大きすぎる荷物を乗せて、ふらふらと月に二回ほど県外へ出かけていますが、不要な機内接待や至る所で拡声器からやかましくがなり立てられ、毎回のように疲れ切って、やっとのことで静かな村へ帰っています。

飛行機の中まで追いかけて来る人はまずいませんので、くつろいで座席で本を開けたとたんに、もう説明するまでもない、普通の成人ならほとんど不要と思われる機内での注意事項などが、次から次と拡声器から大きな音量で流され読書どころではありません。やっと静かになりやれやれと思っていると、今度はおしぼりが配られ、コーヒーかジュースかとの催促です。私はどちらもあまり飲まないので、断るのも妙に悪い気がして仕方なく日本茶を注文すると、これがまた熱くて熱くて猫舌の私は飲むのに一苦労です。この機内接待とやらにはほとほと懲りて、最近は席へ着くなり眠ったふりをして、一切相手にしないようにしています。わずか一時間そこそこに機内接待など不要です。接待係の乗務員を減らして飛行機代を安くしてもらいたいと、大半の人は望んでいるのではないでしょうか。

次にやかましくてたまらないのが、山手線などの電車の駅です。どこそこ行きが何番線に入りますとか、引っ切りなしにがなられ、東京へ行くたびに耳がおかしくなったり、頭が痛くな

木頭村長就任から細川内ダムが中止されるまで、飛行機を使って何度も東京へ足を運んだ。五十嵐公三建設大臣（当時、右）に細川内ダム中止を要請する著者（左）＝1993年9月

ったりします。行き先は掲示板などに掲示されているし、初めて乗って行く所でも乗り換えや降りる駅は、田舎出の私でもすぐ分かるようになっています。東京の人にも地下鉄などの駅の拡声器は不要でしょう。

乗り物や駅をもっと静かにすれば、省エネで人の心もなごみ一石二鳥だと考えているのですが。

（一九九八年十二月十九日）

年越し蕎麦

私は料理が全く苦手でいつも情けなく思っています。体があまり丈夫でない相棒は「私が倒れたらどうするのですか。一番大事な食事も自分で作れないようでは、政治がどうのこうの言っても心ある人は信用してくれませんよ」と、いつも注意され「一般行政、細川

野坂浩賢建設大臣（当時、左）に細川内ダム中止を要請する著者（中央）＝1994年10月

内ダム計画問題、三セク・株式会社きとうむらの経営と、朝も早くから夜も遅くまでワシは人の三倍は働いとんじゃ。料理の時間が無いのは当たり前じゃ」と反論しても「そんな言い訳をする政治家が社会を駄目にする」と、追及は厳しくなるばかりです。

三歳のころから叔父の家で育ちましたが、農林業をするため生まれて来たような叔父が、料理が得意なのがいつも不思議でなりませんでした。木頭村でも今は店へ料理を注文するのがごく当たりまえですが、昔はすべて料理は手作りでした。親戚でお祝いなどがあると、いつもは家では使わない分厚く幅の広い桧のまな板と、長い刺し身包丁など一式の道具をかついで早朝から叔父は出かけていました。見事な姿鮨などを前に「まことに茂三叔父（茂三郎という叔父の愛称）は上手じゃのう」と女性からも褒められ、「今日はあわてたんでもう一つじゃ」などと照れていた叔父が目に浮かぶようです。

叔父が一番得意で楽しそうに作っていたのが、手打ちの年越し蕎麦です。大みそかに餅つきが終わると、畳の半分ほどもあるケヤキの一枚板の打盤でそば粉をこね始めます。打盤に打ち付けたりしながら、赤ちゃんの頭ほどの大きさにこね上がると、棒を使ってさらに丸いお盆くらいに薄く伸ばします。蕎麦が棒に巻き付きながら、ペタンペタンと打盤の上を転がる音がいまも聞こえてきそうです。木頭村は雪が舞っております。風邪など召されないように良い年をお迎え下さい。

（一九九九年十二月二十五日）

第七章　原点を忘れず、ふる里を記録する

ガロはどこへ行った

「学校の前の弥淵《やぶち》のガロは足を引きずり込む」と聞かされた。唯一の楽しみだった川遊びも、深みからガロの手が伸びてきそうでいつも子どもは命がけだった。

急流が白く泡立ちながら、青黒く底も見えない不気味な淵に流れ込む。対岸の切り立った岩場に突き当たった流れの半分は、逆流に変わり深さ七、八メートル、直径二十メートルほどに大きく渦巻きながら『わんど』という淵の上流部となる。岩場に当たった一方の流れは、淵の底から勢いよく噴き上げ、三十メートルほどの川幅いっぱいに流れて下流部は浅瀬になっているのが、子どものころの弥淵だった。

とても危険で、『わんど』へ流されると、即座に「ガロのしわざ」か複雑な流れの渦に吸い込まれ、二、三分後に淵の下流へ浮き上がった時には、すでに事切れている。こんな子どもの受難はそう珍しいことではなかった。

小学校の二年生ころだった。都会から若い男の先生が赴任してきた。海では泳ぎの達人だと、大きな石の上からドボンと弥淵へ飛び込んだ。得意げに平泳ぎをしていた先生が『わんど』で溺れるしぐさを始めた。河原の二十数人の同級生はゲラゲラ笑っていた。ところが先生は淵の底で青白くのた打つようにしながら下流へ吸い込まれるように流された。九死に一生を得て川原でゲーゲー水を吐いている先生を見て「やっぱりガロにやられたんじゃ」と同級生は一段と

木頭村を流れる清流・那賀川

ガロの恐ろしさを確信したのだった。

徳島では吉野川に次ぐ那賀川《なかがわ》の上流の木頭村《きとうそん》には、弥淵の何倍もの大きな淵が至る所にあった。今は、戦後の全国的な拡大造林で、手入れ不足の村内の山林も山くずれが多くなり、淵はすっかり砂利で埋まってしまった。大きな淵にいたカッパによく似た伝説の動物ガロはどこへ行ったのだろうか。

（一九九七年十月十一日）

昔の正月

明けましておめでとうございます。昔の木頭村の正月行事を思い出すままにいくつか紹介します。

十二月末には、農家の各家庭では豆腐やコンニャクなども作っていましたが、十二月三十一日の大晦日は何といっても餅つきです。

早朝からもち米を何回もこしきで蒸し、ペッタン、ペッタンと夕方までに百キログラムほどの餅をつき、もろぶたに並べた餅で八畳の客間が埋め尽くされると、すっかり正月気分になったものです。

大晦日の夕方には、いつもは焚木《たきぎ》にしている、鉛筆くらいの太さの皮をはいだコウゾの茎を十五センチほどに切り、一方を二つに割ってイリジャコ（煮干し）とヒイラギの葉を挟んでから少し火であぶって、「やきくさし」という魔よけを作るのは子どもの仕事でした。

これを玄関や勝手口など、家中の出入り口へ立てて置くと、鬼が入ろうとしてイリジャコを失敬したとたんに、ヒイラギの刺で鼻を突いて逃げ出すので無事に正月を迎えられるといわれ、私も小学生の頃は大仕事をまかされたような気分で「やきくさし」をウサギ小屋にまで仕掛けたものです。

元旦には、誰よりも早く起きて、家から一番近いところにある清水がわいている泉で水神様を祭り、「若水」という正月に使う水をくんでくるのが一家の主人の特権とされ、この水でご飯を炊き神様に祭るのが正月の始まりでした。

二日には、朝早くから起きてさっそく仕事初めです。

最初に家の近くの畑で地神様を祭り、少し畑を耕すしぐさをする「鍬初め」です。

次は「切り初め」で、近くの山へ行きお年寄りがよい方角だと見立てた方向を向いて、男性は木を女性は草を少しずつ切り、農作業の無事を祈るというものです。

今年のように九日間も休みが続く正月には、地神様もさぞご機嫌ななめではないでしょうか。

（一九九八年一月三日）

血の池

那賀川は、村の中央部で本流とほぼ同じ大きさの南川《みながわ》と合流していますが、この南川の最上流の集落が宇井《うい》の内《うち》です。私が小学生の頃は家が数件あり、私より二、三級上の男女の兄弟が宇井の内から時々北川小学校へ通学していました。私も卒業した北川小学校は現在も標高約五百メートルの那賀川沿いにあり、宇井の内も標高はほぼ同じです。北川小学校と宇井の距離は五万分の一の地図で測ってみると直線で約五キロメートルあります。しかし、当時の男女の兄弟の通学路は標高一千メートル級の山を縦走したり、沢づたいに歩いたりの繰り返しですから十数キロメートルはあったと思います。

いつも二時間目か三時間目頃に学校に着き、午後も早く帰っていたように思いますから、朝五時か六時には家を出て、片道に数時間かけるという、今では想像もできない苛酷な通学だったのです。

昔、高知県から十二人の弟子を連れた大工の棟梁が宇井の内へ来て家を建てることになりました。雪の中での苛酷な仕事に耐えかねて、南国育ちの弟子たちはいったん高知へ帰り、暖かくなってから仕事を再開するよう棟梁に申し入れましたが、棟梁はいっそう厳しく仕事を進めたという。そこで弟子たちは棟梁をだまして池へ誘い、ノミで棟梁を斬り池へ投げ込みました。ところが、棟梁の血で真っ赤に染まった池の水は、いつまでたっても澄まないので、この池は「血の池」と言い伝えられています。

「血の池」へ四年生のとき、男女の兄弟の通学路とは別のコースで遠足にいきました。池が血で赤く濁ってると信じ込んでいましたので少し薄気味悪いし、早く池を見たいしと、わくわくしながら宇井の内に向かいましたが、薄茶の藻が一面に繁殖しているどこにでもあるダンブリコ（川の本流ではない、水たまりを指す木頭村の方言）にがっかりしたものです。

（一九九八年四月四日）

トバセの季節

木頭村を流れる那賀川の上流では、三月一日からアメゴ（ヤマメ）釣りが解禁になっています。一九九九年は雨不足で川の水が少なく釣果は今一つとのことでしたが、今週のはじめに大雨が降り気温も上がりましたので、絶好のトバセ（毛鉤《けば》り釣り）のシーズンを迎えています。

私が子どものころの村内の川は、今では想像も出来ないほど水量も多く、あちこちに大きな淵や深くて流れの速い瀬がありました。夕方になると川面で「バシャッ、バシャッ」と大形のアメゴが、虫をめがけて水中から跳び上がっていました。竿や毛鉤も子どもの手作りで、大人の真似をしてトバセをやってみましたが、釣れた記憶はほとんどありません。

三十年ほど前の夕方です。私は虫釣り（針に川虫などを刺してアメゴを釣ること）をするため、急流の瀬で腰までつかり川底の一抱えもある大きな石を持ち上げて、石の裏にへばり付いているトビケラの幼虫をせっせと取っていました。すると、すぐ上流の淵でトバセを始めたベテランらしい人は、ほんの二、三分の間に五匹ほど形の良いアメゴを釣り上げました。私が虫釣りを止めてトバセを始めたのはこのころからです。

毛鉤は見よう見まねで、鶏の毛を釣り針に絹糸で巻いて作りました。最初は、毛鉤にアメゴが盛んに跳ぶ（アタックする）のに、空振りばかりでさっぱり釣れません。毛鉤が駄目なためだと、色や大きさ、巻き方などを工夫し、毛鉤の改良に没頭しました。しかし釣れない原因は毛鉤ではなく、竿の調子と毛鉤を打ち込んでから引く方向にあると、数年後にはたと気が付きました。それからは、時々ですが大釣りをするようになり、二十年ほど前にも半日で三十センチ前後の大形のアメゴを二百匹ほど釣り、シイタケを取る篭がアメゴで一杯になったこともありました。

（一九九九年三月二十日）

キノコの季節

マツタケの高値が話題になるキノコの季節となりましたが、昔から庶民的なキノコは何といってもシイタケでしょう。毎年この季節が近づくと思い出すのが、小学生のころから手伝いを始め、中学生になると直径数十センチもあるシデやクヌギなどの原木を山で伐り倒したシイタケ作りです。

広葉樹が色づき始めると、手斧《ておの》と刃渡り数十センチの鋸《のこぎり》を腰に付けて、父と二人で山へ行き葉が少し黄色くなったナラの木を見つけます。父が手斧を木の幹へ軽く打ち込むと、手斧が紫色に染まりながらしたたる樹液を何度もなめてみます。この樹液の甘さなどの味で、木を伐る最良の時期を判断するのです。伐った木は自然のまま山でねかせてシイタケを生やすのですから、最もボタ（木にシイタケ菌が繁殖した状態）が付きやすいころをねらわなければなりません。シイタケが生え始めるのは伐った木をねかせてから二年か三年先ですが、木を伐る時期がとても重要だといわれていました。

今のようにシイタケ菌を植えたりしませんので、木を伐る時期が悪いとボタが付かず、シイタケは生えないからです。伐り倒した木は、寒くなり雪が降り始める十二月ころに長さ一メートル数十センチに小切り、ツバキやマメツゲなどの常緑樹の下の薄日が当たる所を選んで数十本ずつねかせるのです。この場所は尾根筋が多く、重い原木を一本ずつ肩でかつぎ上げなければならず、子どもにはとても苛酷な作業でした。原木かつぎは私の重要な仕事でしたから、自分の体重以上もある木の重さでできた拳ほどのタコが今でも右肩に残り、ひそかな自慢の一つになっています。

今はシイタケといえば、ビニールハウスなどで栽培する菌床シイタケが主流になり、重い原木を泣きながらかついでいる子どもなどはいませんが、味も匂いも昔のシイタケとはすっかり変わってしまいました。

（一九九九年十月二十三日）

大蛇退治

私は、木頭村北川の通称「蔭《かげ》」と呼ばれている、数十戸の集落に住んでいます。この集落を三十メートルほど下りた那賀川沿いに、「下込《したご》み」という平坦な土地があります。子どものころには二ヘクタールほどの田畑が広がっていて、年中水がたまっている沼のような水田があり、無断でドジョウを捕まえていて稲を踏み荒らし、大人にこっぴどく叱られた懐かしい場所です。そのころ、昔は大蛇のすむ湖だったというこの水田には、大きい丸山（高さ約六メートル、周囲約二十五メートル）と小さい丸山（高さ約二メートル、周囲約十メートル）の二つの丸山が島のように浮かんでいました。

大蛇は大きい丸山に体を七回半も巻き、余ったしっぽで水面をバタバタとたたきながら、三十メートルほど離れた小さい丸山を枕にして、よく昼寝をしていたと言い伝えられています。人身御供の娘さん一人を毎年飲まなければ、大蛇は怒り狂って大雨を降らせて、田畑を押し流す大災害をおこすので、村人たちはとても恐れていました。

平家の落人で宝久さんという武士が大蛇退治を引き受けました。宝久さんは、「八幡大菩薩」

と墨で書いた白鉢巻きに、口には三十センチほどの名刀をくわえて、湖に潜りました。突然、あたりが暗くなり、なまぐさい風がゴオーッと吹き付けてきました。宝久さんが小さい丸山に近づくと、大蛇はズリッ、ズリッと大きい丸山に巻き付けている体をほどき始めました。やがて大蛇は、青白い目玉を稲妻のように光らせ、口を大きくガッと開けて宝久さんに向かってきました。宝久さんは口の名刀をとっさに抜き、「おのれ大蛇め」と、頭に切りつけました。大蛇から吹き出す血で、湖は真っ赤に染まりました。

宝久さんは、私が子どものころ住んでいた対岸の集落に、「宝久権現」として今もまつられています。

（一九九八年十月三日）

せぶし突き

今、木頭村は西日本一とも言われている紅葉の名所・高の瀬峡《こうせ》をはじめ、村を流れる那賀川の清流に紅葉が映えて、百人一首の「嵐吹く三室の山のもみぢ葉は龍田の川の錦なりけり」という能因法師《のういんほうし》の歌を「那賀川の錦なりけり」としたいところです。

毎年このころになると懐かしく思い出されるのが、産卵をしている大きなアメゴ（ヤマメ）をねらった「せぶし突き」です。アメゴの産卵は水深が数十センチ前後の浅瀬で、直径二、三センチ程の小さな石が集まっている、渕尻《ふちじり》などの流れの緩やかな場所と決まっています。木頭村の方言でアメゴなどが産卵することを「ふす」と言い、「瀬」で産卵するので「せぶし」となったのだと思います。

小学生のころ、学校の帰り道の吊り橋から浅瀬を見下ろすと、やっている、やっている。三十センチ以上の大型のアメゴが数匹、時々「ピシャッ、ピシャッ」と、水面を叩くようにしながら、浅瀬を掘り返しているではありませんか。急いで帰宅してカバンを放り出すと、カナツキ（五本組の返しのある細い槍のような金具を、長さ数メートルの竹の竿に取り付けた魚を突く道具）をひっさげて、家からの急な坂道を飛ぶように川へ走り下りる。

川原からソーッと眺めると、やはり数匹のアメゴが痙攣をしたかのような仕草で、盛んに砂を掘り返して産卵を繰り返している。両手でカナツキを構え、抜き足差し足でアメゴに近づく。川底の藻で覆われたヌルヌルの石に素足が滑り、カナツキで水面を叩きそうになり胸がドキドキする。一番大きなやつをねらい、力いっぱい突く。バシャバシャと一面が濁り、何匹かが黒い影のようにサーッと、深い淵や下流の急流へ。再び流れが澄むと、黄色い腹を見せながら、四十センチもある超大型のアメゴがカナツキの先でもがいていました。

（一九九八年十月三十一日）

お尻が涼しい服

最近は、肌にやさしいということで紙の繊維でできたセーターなどが女性に人気があるようです。三十回ほど洗濯をしても大丈夫とのことですから、繊維技術の進歩にも感心させられます。

この紙の服で思い出すのが、戦後まもないころの物不足で、特に衣類が不自由だったことです。私は敗戦の翌年の一九四六年に小学校へ入学しました。戦争から兄が持ち帰った戦闘帽と背嚢《はいのう》から、器用に改造してくれた帽子と鞄で入学式に臨んだと記憶していますが、どんな服を着て行ったかは全く思い出せません。

学生服などはほとんど無い時代ですから、木頭村では「ひゅうじ」と呼んでいる田の岸などによく生える草の、軟らかくて強い皮を学校へ集めて服を作ってもらったこともありました。しかしこの服は薄緑の「ひゅうじ」色のガサガサの繊維で、痒くて痒くて着れたものではありませんでした。

大人の服なども極端に不足し、どこから来たかも分からない行商の人に、一度洗うとサイズが二分の一くらいに縮んでしまって二度と着られないような偽物をよく買わされていたようです。

夏の夕方の少し薄暗くなりかけたころ、私の家へ新品の上下の作業服を売りにきました。「一着だけ売れ残ったので、半額にする」と持ちかけられ、父は喜んで買い、さっそく翌日の早朝まだ草が露に濡れている涼しい時に、新品の上下で草刈りに出かけたのです。やがて日が差してきて暑くなったのに、妙にお尻だけが涼しいと思っていると、露に濡れた父のズボンに大きな穴が空いていたのです。仕方なく草刈りを続けて昼前に家に帰ったころには、新品の上下は跡形も無く、下着姿で草を背負った父の姿に、びっくりした家族の顔がつい先日のようです。薄暗い時に買わされた服は紙だったのです。

（一九九八年十二月五日）

おぎゃ泣き床

私が住んでいる北川集落から国道一九五号を西に五キロほどの、高知県境・日和田《ひわだ》集落の山に「おぎゃ泣き床《とこ》」と呼ばれている難地《なんぢ》（その土地の所有者は重病になったり死亡したりする）があります。

昔、お良《りょう》さんという十八歳くらいの、とても美人の奉公人（お手伝いさん）が日和田にいました。その頃は、人が寝静まった夜間、女性のところへ男性が忍んで行く、夜這《よば》いという風習がありました。お良さんのところへも、若い男性が通っているうちに、やがてお良さんにかわいい赤ん坊が生まれ、みち坊と名付けられました。みち坊の世話でお良さんの野良仕事は思うようにはかどらず、その家の主人はお良さんにだんだんつらく当たるようになりました。

ある秋のこと。家から三十分ほど山を登った焼き畑で、ヒエを収穫していると日が暮れ、山小屋に寝かせていたみち坊をお良さんが背負って帰ろうとした時です。「子しっと（子ども）よりヒエが大切じゃ。ヒエを負《お》て帰れ」と主人はお良さんをどなりつけました。仕方なくみち坊を小屋に寝かせたお良さんは、ヒエを背負って飛ぶように山道を下り、家に着くなり息を切らしながらとって返し、山小屋へ飛び込みました。

「おらん、みち坊がおらん」。「みち坊、母ちゃんが悪かった、みち坊、みち坊」お良さんは山を駆け回りながら大声で泣き叫びました。ところが、右の方の藪の中で「おぎゃあ」と泣き声がします。そちらへ転がるように走って行くと、今度は左の藪から「おぎゃあ」と聞こえてきます。右へ行ったり左へ行ったり、お良さんは着物もボロボロになり朝まで泣き声を追いかけましたが、みち坊は見つかりませんでした。力尽きたお良さんは「泣き声のした場所は、全部難地になれ」と叫んで、近くの滝へ身を投げたと言われています。


（一九九八年九月五日）

正月の「くくり」

正月の三が日だけ手伝いから解放された子どものころの冬休みの手伝いは、直径数センチから三十センチほどの樫《かし》や欅《けやき》などを約一メートルに小切った薪を、「おいこ」という木枠に縄を巻いて作った道具で山から背負ってくる「薪おい」という作業が中心で、遠くの山から家まで急峻な山道を重い薪を背負って何回も行き来する辛い作業でした。

しかしこの山道を登ったり下ったりする単純作業を子どもながらに逆用して「くくり」をこっそり楽しんだものです。「くくり」は細い針金で直径十センチの輪を作り、尾根など人はあまり通らない「へな」という「獣道」に仕掛け、ウサギや山鳥が首を突っ込むと針金の輪が締まって捕獲できる罠のことです。説明は簡単ですが、広い野山を駆け回っているウサギや山鳥が、子どもの仕掛けた針金の輪にそうやすやすと首を突っ込んでくれません。冬休みの間にせいぜい山鳥かウサギが二、三羽も捕れれば上出来の方で、美しくて賢いキジはほとんどかかってはくれませんでした。もっと良い方法はないかと、針金の種類や輪の大きさ、締まり具合、仕掛ける角度、場所などを友達と熱心に研究したものです。秘密の場所へ数十カ所ほど仕掛け、毎日のように胸をドキドキさせながら見回るのが一番の楽しみでした。

六年生の正月、雪が二十センチほど積もった日でした。山の雪が解けるのを待ちかねて、二十カ所ほどの「くくり」を見回っただけなのに、何と大きなウサギ二羽、山鳥二羽、初めてのキジ一羽と計五羽がかかっていました。意気揚々と家に帰るとちょうど毛皮買いの人が来ていて、持ち帰ったばかりの五羽と一緒に、それまでに捕って蓄えていたイタチの毛皮なども買ってもらい、当時の子どもには夢のような大金二百円を手に入れ、有頂天になったのがつい先日のようです。

（一九九九年一月九日）

ミツマタの思い出

私は村内で二番目に高い石立山（一七〇八メートル）の麓、標高約五百メートルの北川という集落に住んでいます。暖かい年明けとなり喜んでおりましたが、先週からとうとう石立山の三合目付近から上は真っ白です。麓の気温は毎朝マイナス五度前後と本格的な冬を迎えています。石立山の雪を見ると思い出すのが、子どものころのミツマタ伐りなどの手伝いです。ミツマタはジンチョウゲ科の落葉低木で、戦前から一九五〇年代にかけて樹皮が紙幣の原料に良い値段で出荷され、農家では重宝されていました。

ミツマタの原木を山から伐り集め、直径約一メートル、高さ二メートルほどもある大きな釣り鐘のようなコシキで蒸して水で柔らかく戻して表皮を取り除き、白い部分の皮をまた乾燥させる。さらに出荷の前に遠くの川まで運び、水で半日ほどさらして河原で乾燥して、また坂道を家まで運び上げる。これを数十キログラムずつ米俵のように堅く荷造りをして、農協まで背負って運ぶという、年明けから六月ころまで、今考えると気が遠くなるような長くて厳しい作業の連続でした。

小学生の時分からほとんどの作業を手伝いましたが、全く日が当たらない大きな杉林で自生のミツマタを、吹雪のなかで伐り集めた辛さは今でも忘れられません。柔らかいミツマタを鎌で伐るのはよいのですが、カズラでこれを束ねるのが一苦労です。手も凍えて自由が利かず、長さも太さもまちまちで相当弾力性があるミツマタをきつく束ねるのは小学生にはとても無理な作業です。負って運ぶとすぐ荷崩れで、いつも泣きながらの手伝いでした。

このころは学校だけが、面白くもない農作業などから晴れて解放される生きがいの場所でした。近年は登校拒否の児童が大きな社会問題となり、時代も変われば変わるものです。

（一九九九年一月十六日）

南海道地震

阪神大震災から年月が経ち防災意識も薄れつつあると言われているほどですから、五十二年も前の南海道地震を覚えている人はかなり少なくなっていると思われます。

南海道地震は一九四六年十二月二十一日の午前四時十九分頃、潮岬沖が震源のマグニチュード八・一、四国や近畿、九州の各地で大津波に襲われ、一千三百三十人が死亡した、戦後では阪神大震災に次ぐ大地震です。

両親が亡くなり伯父に引き取られてから約三年で小学一年生だった私は、「世直し、世直し」と叫びながら、自在鉤《かぎ》に掛かっているヤカンを火箸で盛んに叩いている伯母の背中で目を覚ましました。伯母は地震を止める呪いに必死だったのです。家の中からよろけながら外に出たときには、地震の揺れはかなり治まっていたように記憶しています。

寒さに震えながらやがて夜が明けてくるとびっくりしました。広庭《ひろにわ》（その頃の農家には、農作業をする建坪の何倍かの広い庭がありました）の隅にある鶏小屋近くの石垣が崩れ落ち、石垣を積んだ上に造った広庭は三分の一ほどがなくなっていました。私の日課の一つで、毎日餌をやるなど世話をしていた二十羽ほどの鶏は無事でしたが、地震に驚いて暴れ回ったのか小屋は鶏の抜け羽だらけでした。ドーンという地鳴りでユサユサと揺れ始め、また大地震かと恐ろしくなる余震が一週間ほど続いたように思います。家の中はバリバリと大きい音がして恐ろしいので昼間は畑などに出て食事をしたほどです。

当時の村の家は、外観は質素でしたが、大黒柱には三十センチ角の欅《けやき》を使うなど、しっかりした建具を使っていたためか、崖崩れや山崩れはあちこちで起きていましたが、家がつぶれたり犠牲になった人がいなかったのは何よりでした。

（一九九九年一月二十二日）

焚き火

「ここにまた焚き火跡あり奥木頭」と、若くして鬼籍に入られましたが木頭村の放浪の俳人・富田北情さんも五十年ほど前に詠んでおられます。昔は毎年落ち葉のころになると、焚き火の煙が村のあちこちにたなびいていました。今のように焚き火と言えばゴミを焼くというのではなく、一休みして手足を暖めたりお茶を沸かしたりと、昔の焚き火は畑や山の仕事には欠かせませんでした。

子どもにも焚き火は楽しいものでしたが、燃えている火を木切れでつついたりすると「火の粉が飛んで火事になる」と叱られたり、子どもは焚き火を絶対にしてはならないと、マッチを持ち歩くことも厳禁されていました。それでも川遊びの時には友達の誰かはこっそりとマッチを持ち出していて、河原の流木を拾い集めて大きな焚き火を囲み、枯れ草のヨモギの葉をイタドリの葉で巻いて、たばこを吸う大人の真似をしたりと、焚き火の思い出はつきません。

雨の日には鎌がよく切れて能率が上がるので、杉の下草刈りの手伝いは大雨が降ってもめったに休ませてはもらえませんでした。重労働で昼食も今のように昼一回では体が持ちませんので、午前十時ころと午後二時ころの二回弁当を食べていました。お茶を沸かすのは私の役目でしたので、山小屋のないところでは雨の降りしきる中で火を焚かねばならず、これには泣かされていました。

最初に、比較的に濡れていない杉の幹に付いている枯れ枝を探して、雨がかからないように自分の体で覆いながら、鉋屑《かんなくず》のように鎌で小さく削って火を付けます。説明は簡単ですが、蓑笠《みのかさ》を付けていても大雨のなかではほとんどびしょ濡れの状態ですから、まずマッチを擦っても発火しません。やがて、削った枯れ枝も濡れてきて、マッチの軸も残り少なくなります。やっと火が付くと「燃えてくれ、燃えてくれ」と祈るような気持ちになり、弱々しく燃え始めた小さな炎を両手の平で包み込むようにして雨と風をしのいだものです。

（一九九九年十一月十三日）

ヤマナシ

小学生のころ、栗拾いやキノコ採りも終わり霜が降り始めると、数人の友人と深い山でのヤマナシ拾いはとても楽しみでした。

　ヤマナシは、梅より少し大きくて丸くリンゴを小さくしたような果物ですが、固くて酸っぱいのでそのままでは食べられません。無理に食べると、強い酸味で歯がやられてしまって物が噛めなくなったり、シブがあるので便が詰まったりで大騒動でした。拾ってきたヤマナシは平たいモロブタ（食べ物の保管や乾燥に使う縦約七十五センチ、横約三十五センチ、深さ約八センチの木製の箱）に並べて屋根の上で霜に打たせます。数日して少し腐りかけたものは、リンゴと梨をいっしょにすり潰したような甘酸っぱい味で、おいしく食べたものです。

　ヤマナシは割合に珍しい木の実だったように思いますが、友達と競争をするように実を拾うのに夢中で、どこでどんな木になっていたのかも忘れてしまいました。山の尾根筋ではなく、沢の近くで拾ったようにも思いますが、記憶は定かではありません。ヤマナシという呼び名も恐らく木頭村の方言にちがいないと、徳島新聞社が一九九〇年に発行した徳島県樹木図鑑で調べてみました。木頭村の樹木の写真もかなり載っていますが、ミズナラやトチノキなどヤマナシとは関係のなさそうな説明ばかりで、どの頁《ページ》にもそれらしい木は見つかりません。この図鑑の写真は一九七〇年代から一九八〇年代に撮られたものがほとんどで、すでに一九六〇年代には、今残っていれば世界の遺産になっていると言っても過言ではない、直径四メートル近くもあった大木のブナなど村の原生林はほとんど伐り尽くされています。

　詳しく調べてみなければわかりませんが、晩秋の数少ない子どもの楽しみだったヤマナシも、山栗のように絶滅か絶滅寸前の樹木になっているのかもしれません。

（一九九九年十一月二十日）

薪

村内でもプロパンガスを使うようになった一九六〇年ころまでは、ご飯などの煮炊きや風呂沸かしまでほとんど薪でした。そのころの木頭村も炭焼きは一つの産業でもあり、私が育った農家でも木炭を焼く本格的な炭釜がありましたが、農家で木炭を使うのはごくまれのようでした。薪は単なる燃料というより、農家の富の象徴のような面もありました。

薪伐り、薪負い、薪割り、の一連作業が薪作りです。男の子はもちろんのこと女の子も薪負いなどは当然で、薪作りは家族総出の冬の大仕事だったのです。薪にはカシ、ツバキ、ケヤキなどが最適で、ナラやシデなどはシイタケ木と呼んで薪にはもったいないとされていました。太さは直径数十センチから数センチとまちまちでしたが、長さは約七十センチと決まっていました。今ごろから年末にかけては薪作りの最盛期で、山で仕上げると高さと幅をそれぞれ一メートル五十センチほどに積み上げたものを一尋《ひとひろ》という単位で数えていました。「〇〇の家は十尋も伐っとるぞ。おらくは（自分の家）まだ七尋じゃ」というような調子で、家族は父親から毎年ハッパをかけられたものです。

春に山の薪が乾燥すると家まで背負ってくるのが薪負いで、学校から帰ると毎日の日課でした。数十キログラムずつ「負いこ」という道具で薪山《たきぎやま》（薪を伐った場所）にもよりますが片道三十分から一時間ほど狭くて急な坂道を上ったり下ったりしながら背負ってくるのですから、肩や背中に「負いこ」が食い込み、痛さと重さでいつも半泣きの仕事でした。運んできた薪は、いろりで焚《た》くものはそのまま木屋（屋内の薪の保管場所）へ納めますが、釜戸用は約半分に鋸《のこぎり》で小切り、手斧で腕の太さほどに割らなければなりません。堅く乾燥したカチンカチンの木を割るのと、コンロをカチンとひねる今とは大違いです。

（一九九九年十二月四日）

平家なろ

久井谷《ひさいだに》は那賀川の支流で、木頭村の西部を北から南へ六キロメートルほど流れています。昔からヤマメやウナギ、ハヤなどの宝庫でした。

この谷にも谷口から約四キロメートル上流に「平家なろ」という平家の落人伝説の地がありますす。「なろ」は「奈路」とも書き、木頭村の方言らしく平地を意味します。昔の「平家なろ」は数千平方メートルの広さで、約六十センチ角の祠《ほこら》は今も残されていて、屋島の合戦に敗れた平家の落ち武者が、「ここまで逃げれば安心だ、よい場所だ」と住みついたところと言い伝えられています。

約八百年昔の文治年代のころ、源頼朝の命で平家の落人を皆殺しにしてしまえということになりました。源氏の侍が那賀川をはるばる上って、久井谷の入り口まで来て一休みしていたところ、谷の上流から杓子《しゃくし》が流れてきました。これを見た源氏の侍たちは不審に思い、「この谷奥に人が住んでいるにちがいない。もしや平家の侍ではあるまいか」と、上流めざして勇み発ちました。ついに戦いになり、平家の落ち武者は皆殺しにされてしまったといいます。

祠には三つの墓がまつられていて、祠の下には刀剣が埋められていたらしい。その刀剣を昔、久井谷の近くに住んでいた私の親戚の新田家の先祖が、家の宝にと持ち帰ったところ、その晩の夜中、いろりの自在かぎに大きな蛇が巻き付くという騒動がおきました。刀剣のたたりだとおどろいた主人は、ほうほうの体で刀剣を元の祠の下に

久井谷の砂防ダムにて、故・石井紘基衆議院議員（左から二番目）と共に、著者は左（1997年3月）

返したところ、蛇は久井谷の上流へ消えたと言い伝えられています。

一九七六年九月の一七号台風で、一日に一千百十四ミリという日本記録の豪雨が木頭村で降り、上流の山の大崩れで大量の土砂が久井谷を埋めつくし、砂防ダムのためにこの由緒ある「平家なろ」もすっかり狭くなってしまいました。


（一九九七年十一月十五日）

平家の皿泉

木頭村の平家の落人伝説の一つに「平家の皿泉」があります。木頭村を流れる那賀川は、村の中央部で本流とほぼ同じ大きさの南川と合流していますが、この南川の上流にある野久保山の頂上付近の窪地が、平家の落人が戦いの訓練をしていた跡地だと言い伝えられています。

壇ノ浦の戦いで源氏に敗れて木頭村まで逃げてきた落人ですが、追っ手に備えて乗馬の訓練、剣術、弓の稽古と毎日のように汗を流していました。ある日、川向こうの「竹のはな」という所から弓を射ると、その矢が土にささったまま根をおろしたので、野久保山では今でも竹の枝が逆さまに出ていると言われています。「必ず源氏を追い散らせ」と激しい訓練が続き、馬が疲れて息をあえぎあえぎ苦しそうにしていても、稽古場は山の頂上付近ですから水がありません。馬をかわいそうに思った平家の大将は、神に祈って水を出すよう家来に命じました。家来は皿の形に穴を掘り、金の皿を七枚埋めて一心に神に祈っていると、ふしぎなことに、少し窪んだ地面から水がわき出てきました。水はだんだんと増え、こんこんとわき出る泉に落人の武将たちは「これで馬たちも元気が出るぞ」と手をたたいて喜び、人も馬もこの泉の水を飲んで元気に戦に備えることができるようになり、この泉は「平家の皿泉」と今でも言い伝えられています。

泉の金の皿で泉の水を飲むのはよいのですが、勝手に家へ持ち帰ると必ず腹が痛くなるというたたりがあり、すぐに泉へ返しに行ったと言われています。泉の近くには鎧、兜、刀などが埋められていたそうで、付近の山からも馬のくつわなどが見つかったこともあるようです。

（一九九七年十二月十三日）

平家の逆襲

木頭村役場から数キロ那賀川を下ると蝉谷《せみたに》という支流があり、三キロほど坂道を登ると十数戸の蝉谷集落があります。ここも平家の落人伝説の宝庫で、「平家屋敷」には頭《かしら》が与門《よもん》という一家が住んでいたと言い伝えられています。役場の近くには、木頭塁《きとうるい》という城があり、源氏の味方・細川大隅守頼照《ほそかわおおすみのかみよりてる》が一帯を支配していたといわれています。

機会あらばと与門をねらっていた大隅守は、与門が留守の夜を見すまして家来たちと共に「平家屋敷」を取り囲み、屋敷でぐっすり眠っている与門の奥方と三人の子どもたちにいっせいに襲いかかろうとしました。しかし、奥方も油断はしていません。異様な気配にいちはやく目を覚まし、敵に備えて家中に張り巡らしてあった縄を次々と切り落としました。「ガラガラ、ガラガラ、ドッスン、ドッスン」と、ものすごい音が山にこだまし、縄にくくり付けてあった太い孟宗竹《もうそうちく》が屋敷の内外に落下しました。このすさまじい仕掛けと大きな音に、大隅守はびっくり仰天し腰をぬかさんばかり。「女一人でこんなすごいことができるとは。このうえ、三人の男の子が向かってきたら、家来たちもやられてしまう」と、大隅守は谷のほうへ逃げ下りました。

大きな音に大隅守に違いないと、谷で待ち構えていた与門は、「日ごろのうらみ」とばかり一太刀で大隅守を斬り倒しました。ところが、与門が血まみれの刀を谷で洗っても洗っても、水が赤くなるだけで刀の血はいっこうに落ちません。それから後、この谷は「赤水谷」と呼ばれているといいます。

大隅守は当時、阿波の国の大名蜂須賀家政《はちすかいえまさ》に反抗していたため、現在の徳島県海部郡海部町《かいふぐんかいふまち》鞆《とも》の、鞆城主・益田豊後《ますだぶんご》に家政が命じて木頭塁を攻めさせ、私が住んでいる木頭村北川の舟谷《ふなだに》で益田勢に討たれたとも言い伝えられており、どちらが史実かは不明です。

（一九九八年三月十四日）

京女郎の踊り歌

平家の落人伝説とともに京女郎《きょうじょろう》の話は、丹生谷《にゅうだに》地方（木頭村など那賀川の中上流域五カ町村の俗称）のあちこちに伝えられています。木頭村の蝉谷集落にも、京女郎が踊り伝えたと言われている「トッチンチン」という囃《はや》しで始まる踊り歌と踊りが残されています。

屋島の海で源氏と平家が戦をしていたとき、平家の小船の上にかかげられた扇の的を、那須与一が射貫いた話は有名です。このとき、小船に乗っていた平家の女官が、そののち平家の落人の後を追って蝉谷までやってきて、落人といっしょに住んでいたと木頭村では言い伝えられています。

この女官は後に京女郎と呼ばれるようになり、平家が栄えていたころの都の踊りを、蝉谷に隠れ住む八人の落人たちのために踊っていたと言われています。

『トッチンチン、トッチンシャン
一つ人目を忍ぶ夜も
トッチンチン、トッチンシャン
女心や吉野笠
トッチンチン、トッチンシャン
（以下、囃しは同じ）
二つ深草しょうしょうも
思い深きはしのび笠
三つ見もせず逢いもせず
つらい思いや三度笠

四つ夜な夜な門に立つ
人が通ればかくれ笠
五ついつしも逢いそめて
今宵一夜は別れ笠
六つ紫小紫
顔はちらちらもみじ笠
七つなじょみでないさきに
人はなじょみとゆうじょ笠
八つ山越え美濃尾張
国をへだてて近江笠
九つ小笠や小編笠
雨の降り笠日和笠
十で遠山かすみ山
国のひこさはおわり笠』
この踊り歌は、その後ずっと蝉谷を中心に木頭村に残され、今も歌われ踊り継がれています。

（一九九八年五月九日）

金の観音様

私が住んでいる木頭村北川の集落から約二キロ国道一九五号を那賀川沿いに下ると「六地蔵」という十軒ほどの集落があり、六体の地蔵さんがまつられている六地蔵堂があります。明治の頃までは折上《おりかみ》姓が四軒と、折上家から分家した織岡姓が一軒の五軒で、先祖は京都の平家の武将・折上家の一族。約八百年昔の文治年代に屋島の合戦に敗れて落ち武者となって住みついたと言い伝えられています。

昔の六地蔵堂のご本尊は、平家の落ち武者が命より大切に隠し持ってきた金の観音像であったといいます。ところがこの金の観音像は、お堂の中に納めてあるのに、ときどき目もくらむほどに光を放ち、数十キロも遠くまで光り輝いたため「この神秘な光はいったいどこから来るのだろう」と、村内はもとより那賀川流域の村々でも大騒ぎとなりました。

六地蔵の人達は「金の観音像が盗まれると大変だ」と心配して、川向こうの鬱蒼とした林の「堂床《どうとこ》」という所の土の中へ埋めてしまいました。「これで安心」と胸をなでおろしたところ、金の観音像の光は六地蔵の人達が考えていたよりもはるかに強く、夜中に土の中から光がもれ出て、夜道を行く人達をはっきりと照らしました。運の悪いことに、土佐から阿波を股《また》にかけて荒らしていた大盗人の「弥六《やろく》」の耳に金の観音像の話が入りました。「弥六」は大雨の夜、雨水が滝のようにあふれる山道を登り、降りしきる雨をときどき虹色に照らす金色のまばゆい光をたよりに「堂床」へたどりつきました。「弥六」は金の観音像を掘り出すと「しめしめ、早くずらかろう」と、その夜のうちに現在の隣町・上那賀町《かみなか》の霧越峠をめざし、土佐の方へ逃げていきました。その数年後、「弥六」は捕まえられましたが、残念ながら金の観音像の行方は分からなかったといいます。

（一九九八年八月二十二日）

第八章　時代とともに

鹿が増えた?

国道沿いに猿の群れがいる。鹿が草を食べている。畑の野菜がタヌキに狙われる——こんなことは村内や隣の町村でも日常茶飯事となっています。最近は東京都内でも野生猿らしい〝捕物〟があるほどですから、野生鳥獣の民家付近への出没や農林業の鳥獣被害は山村では大問題となっています。

猪や猿に田畑を荒らされるなど、今年の村内の鳥獣被害の届け出は約五十万円です。しかし、木頭村は二百三十三平方キロメートルと広いうえに九十八%が山林でそのほとんどが杉林ですから、鹿に杉の皮を剥がされるなどの被害は、とても調査どころではありません。五十万円などという被害は氷山の一角です。

村猟友会が今年も何回か有害鳥獣の駆除ということで、鹿十五頭、猪一頭、ウサギ三羽を退治しましたが全くの焼け石に水です。

最近の鳥獣被害の原因は、野生の鹿などが増えたためというのが村内でのほとんどの見解ですが、どうでしょうか。野生動物のすみかだった広葉樹林や里山を杉林にしてしまったため、命懸けで国道沿いの草を食べたり、昔は食べなかった木の皮を剥いだりしているのではないか、というのが私の考えです。これに対し、最近は杉林を皆伐しても原木の値段が暴落したため、林業家に再植林の意欲がなくほとんど放置し、その山に雑草などが生い茂り、鹿の格好のすみかとなり、鹿だけは確実に増えている。そう、もっともらしい反論をする村職員もいます。それなら、広葉樹林や里山などの鹿のすみかが十分だったと思われる三十年ほど前は、猟師が仕留めるほかは、山奥でも全く人目に触れることがなかった鹿が、現在も格好のすみかがあるのなら、なぜ危険な国道へ出てくるのでしょうか。

鳥獣被害の抜本的解決は、時間をかけて広葉樹林や里山を復元するというのが正論のようです。

（一九九七年七月三日）

集落がなくなる

人口の減少や高齢者率が高くなり、農林業などの後継者もいないなど、過疎に悩んでいる市町村は全国に一千二百三十団体と言われていますから、三分の一の市町村が頭を痛めていることになります。徳島県にも五十の市町村がありますが、そのうち二十九町村が過疎指定で、徳島市などの四市とその周辺部以外はすべて過疎町村と言っても過言ではありません。

過疎町村では木頭村のように、かつての農林業漁業が衰退し、これといった産業も育たず、自主財源も十％前後と極端に少ないため、財政のほとんどは国や県の交付金や補助金、起債（借金）などでまかなっているのが現状です。過疎法で返済が容易で有利な起債もありますが、過疎の脱却へ向けて地域に見合った産業を独自に育てるのは、財源もなく絶望的で過疎は進むばかりです。

二〇〇〇年二月末現在の木頭村の人口は一千九百五十五人で、六十五歳以上の高齢者は六百三十人ほどですから高齢者率は約三十二％です。一方、人口減少率はここ数年は一年間に約一％で推移していますが、まだ県内の過疎町村では良い方で、高齢者率も四十％を超えるなど木頭村よりもっと過疎がひどいところが県内には二十三町村もあるのです。しかしこのままでは木頭村も十年ほどで、住んでいる村民が一人もいない空き家ばかりの集落がいくつかできそうです。

村内にあった三集落から数十人が、村役場の対岸の住宅へ移られた集落再編が一九七三年にありました。それから約三十年。集落跡はうっそうとした杉林に覆われています。集落で子どもの時から生まれ育った人たちが、自宅の跡や田畑の変わり果てた風景を見るのは忍びないどころか、思い浮かべるだけでも心情はいかばかりかと、私は集落の名称を書くことさえはばかられるほどです。

（二〇〇〇年三月十一日）

河原がなくなる

木頭村を東西に流れる那賀川沿いに村内の八つの集落が点在しています。最上流の北川集落から最下流の助集落までの河岸段丘は、川から高さ数メートルから十数メートルで川にとても接近しています。お盆に仏様を河原で迎える「火灯し」などは昔ながらに現在も行われ、村民の生活は昔から川の清流と深い関わりが続いています。

村の入り口の助集落は、一九六八年に建設された四国電力の小見野々ダムで大半が水没しましたが、このダムから数キロメートル上流の村役場付近から上流はまだ清流が残されています。村の中央部のダム計画から、約三十年間もこの清流を守ってきたのが木頭村の細川内ダム計画反対の歴史です。

ところが、河原がなくなる、淵が埋まる、砂地が消える、蛇行した流れの瀬がほとんどないなど、最後の清流ともいえる那賀川の上流も異変が顕著になっています。

以前の河原は川岸付近は少し草木が茂っていて、大小の丸い石が混在して起伏があったり、水辺には砂地が広がっていたりと、とても変化に富んでいました。また支流が流れ込んでいたり、幅が広い河原には本流とは別の小さな小川のような流れがあり、子どもには絶好の遊び場でした。数人がガキ大将の指示で小さな流れをせき止めて水を本流へ流し、干上がったわずかな水たまりで跳ね回っているヤマメやウナギを捕まえた「せきぼし」の面白さは、思い出しても胸がわくわくするほどです。

今の川は少しの雨でも山から浸食された大量の土砂が流れ込み、河原には雑草が生い茂り淵はすっかり土砂が溜まり、コンクリート護岸で川は水路同然といっても過言ではありません。いくら河川工事をしても山林の再生なくして根本的な解決はほど遠いでしょう。真の文明は川を壊さずと、田中正造が百年も昔に訴えております。

（一九九九年八月二十八日）

物部村と木頭村

木頭村役場から国道一九五号を西に約二十キロメートル、県境の四つ足トンネルを抜けると物部《ものべ》川の最上流部・高知県物部村《ものべそん》です。木頭村も那賀川の最上流部ですから、両村で大いに「紅葉と清流」を売り込むため、二十年ほど前から観光用のパンフレットなどを共に作製してきました。これからも一層連携して交流し、共に発展を目指そうと、両村の理事者や議員で「木頭村・物部村交流推進協議会」を近く発足することにしています。

小学の遠足で片道に数時間もかけて四つ足峠を越え、物部村の別府小学校へ行きましたが、今はトンネルを抜けると村役場から三十分ほどです。小松さんとか宗石さんなど高知県に多い姓が木頭村にも珍しくありません。高知弁と同じ言い回しの村の方言も沢山あり、安芸市と馬路村にも隣接し、両村は歴史的・文化的にも昔から深い関係にあります。

今も高知市などへの買い物、病院、高知空港の利用、鮮魚や日用品の仕入れなど、村民の生活圏は半分以上が高知県と言っても過言ではありません。徳島市内までは車で約三時間なのに、高知市内までは道路も広く約一時間三十分と便利なのですから当然のことです。

国は財政難などから市町村合併を推進しようとしていますが、それぞれの市町村は歴史的な経緯や地理的条件等が異なっております。交付金の削減などペナルティーを科してまで画一的な合併パターンを押し付ける強権的な合併では、地域住民の営々として育んできた歴史、文化、連帯感などが失われ山村の崩壊は必至です。
村内の中学生は卒業すると、ほとんど村内へは残りません。都会へ、水や空気、人材まで提供しているのに食べていける仕事が無いのです。山村がこれ以上に疲弊しないためにも、合併は関係町村の自主的な判断を尊重してもらいたいものです。

（一九九九年十一月二十七日）

大夕立が降らない

小学生の頃、暑い夏のかんかん照りの日に、生まれたままの姿で川で泳いでいると、午後三時前後の五分か十分のつかの間に入道雲で空は真っ黒になる。やがて青白い稲光と、パリパリパリードッスーンと、耳元で大木を引き裂くような雷の轟音《ごうおん》とともに、大粒の雨がバチャバチャと水面に落ち始める。あわてて川原へ駆け上がり、脱ぎ捨てた絣《かすり》の着物を探していると、目が痛くて開けられないような土砂降りになる。川原の大きな石の窪みへ張り付くようにして雨宿りを始めると、待っていましたとばかり、ドーッと手白アブやブトムシ（ブヨ）が息苦しいほど襲ってくる。絣の着物を振りかざしながら、アブとブトムシ相手の格闘が続く。一時間ほどして、全身が発疹のようなアブとブトムシの噛み跡だらけになった頃にやっと雨が止む。

間もなく、今までの大雨がうそのように青空が広がる。これが私が子どもの頃の大夕立です。梅雨が明けた七月中旬から八月下旬までは、木頭村の全域でほとんど毎日のように降っていたように記憶しています。人はほっと仕事の手を休めて暑さを忘れ、草や木もたっぷりと水分を補給する。こんな大夕立が近年は全く降らなくなりました。

一九六〇年代から一九七〇年代にかけて、広葉樹を伐って杉の密植を奨励した国が、一方では木材の自由化をどんどん進め、林業経営者を二階へ上げて梯子をはずしたからたまりません。安い輸入材に押されて、杉の原木を売っても大赤字、原木を建築用材に加工する製材業も、どんどん倒産しています。

したがって密植された杉林は間伐などの手入れがされず、保水力を失い雨が降ってもすぐ川から海へ流れてしまい、蒸発しないから雨も少ない。この悪循環は国の林業政策の誤りで、そのため大夕立も降らない。これが私の体験からの推論です。

（一九九八年八月二十九日）

行革へ二つの疑問

行政改革会議の最終報告が近く出されるらしいが、中間報告でも、明治維新、戦後改革に次ぐ改革で、われわれの前には「黒船」も「瓦礫」も存在しない、あるのは希望と勇気であり、大きな転換へ具体的ステップを踏み出す瞬間を迎えている——などとブチあげています。

しかし、目玉とされていた、公共事業の統廃合、大蔵省改革、郵政事業の民営化だけを見ても、多くの国民が望む方向には進んでいないという意見が圧倒的です。中身もさることながら、行革のありかたに私は二つの大きな疑問をもっています。

一つは、各政党の政策が国民の前に、明確に提示されたのかどうかです。各政党がそれぞれの改革案を提示し、総選挙で国民が選択するというのが政党政治ではないでしょうか。

憲法の概説書にも「政党とは、一定の政策を掲げ、それに対する国民の支持を背景に、政府機構の支配の獲得、維持を通じその実現を図ろうとする自主的・恒常的な政治組織団体」とあります。こんな大改革に政策を掲げて国政選挙をしないのなら、日本には政党は無いのか、何のために解散という制度があるかと言いたい。それとも、もはや政党政治ではなく、いつか来た道の翼賛政治になっているのでしょうか。

二つには、省庁再編は地方分権の後にすべきで、今の方法は順序が逆ではないのかということです。つまり、地方分権を先に行い、国に残った事務事業を効率よく実施するため各省庁をどう統廃合するかが正しい行政改革の方法ではないでしょうか。分権の前に省庁再編をしても国の事務事業は減らず、分権も進むはずがなく、真の行政改革が可能でしょうか。

この二つのことさえほとんど議論されないのがまた不思議だが、私の勘違いであれば幸いです。

（一九九七年十一月二十二日）

郵便番号

郵便番号はこの一九九八年二月から七桁になりましたが、日本で初めて郵便番号制度が発足したのが三十年ほど前の、ちょうど私が郵便局の窓口係などをしていた時でした。

当時は全逓労組の活動も盛んなころで、私も青年部で「合理化反対」を叫んで、仕事が休みの日はほとんど活動に走り回っていました。当然に、郵便番号は合理化の最たるものだと、「郵便番号を書かない運動」に力を入れたものです。それでも、上役が窓口近くにいるときには、「郵便番号を書いて出してください」などと窓口では一応まじめに促していましたので、利用者から、「郵便局の仕事ではないか、お前が書け」と怒鳴られたのを思い出します。

郵便番号は電話番号のようにメモしておけば何回でも使用できるわけでもなく、郵便を出す度に書かなければならず、郵便以外には何の利用価値もありません。三十年ほど昔に窓口で怒鳴られた利用者にこそ、〝先見の明〟があったと言うべきでしょう。

このように、郵便番号を調べて書くのは、全く時間の浪費に等しい作業で、郵便番号が書かれていない手紙や名刺を頂くといつも、「この人は昔の全逓労組の活動家にちがいない」と、少し冗談も言いたくなります。

それと、郵政省だけの問題ではありませんが、例えば徳島県の郵便番号の上二桁は「七七」で始まり、同様に電話番号は「〇八」、市町村コードは「三六」と、それぞれが全く何の関連もありません。統一することなどは不可能ですが、せめて上何桁かでも揃えると、利用者は随分と便利になることは間違いありません。

独立国の通貨まで統合できるというのに、国民的な番号がバラバラなのは、主人公である利用者のことなど全く考えたこともない、官主主義国・日本を象徴していないでしょうか。

（一九九八年四月二十五日）

電子投票

東京の（株）政治広報センターによると、ロシア連邦の有権者が約百二十万人のトベーリ州では、一九九九年の十二月に行われる、日本の衆議院議員選挙に当たる選挙で初めて電子投票システムによる投票を実施するという。トベーリ州はすでにこの八月に、日本製の電子投票システムで、投票テストも成功し準備万端とのことです。電子投票は、有権者本人の写真入りの投票カードを投票所の電子受け付け端末へ入れて、オンラインで有権者のデータベースから本人の確認などをして投票します。自動的に集計もできるので、投票用紙も開票作業も不要で正確迅速な投票システムです。

投票時間が延長されて初の国政選挙・七月の参院選は、地方自治体職員等の大量動員による人海戦術と、犠牲的な奉仕で乗り切りましたが、都会では人手による投開票事務の限界を証明しました。次回の衆議院議員選挙では、小選挙区、比例代表区、最高裁裁判官国民審査と投開票が三票になり、即日開票が危ぶまれている自治体も多くあると言われています。

この原因は、日本で国政選挙が初めて行われた一八九〇（明治二十三）年から百八年間も、いまだに候補者名等を直筆で書いて投票する、原始的な自書投票を世界中で日本だけが墨守しているからです。

電子投票の主なメリットは⑴通信ネットワークで、日本中どこの投票所（将来は自宅のパソコンからも）でも投票できる⑵本人確認が正確、迅速で、替え玉投票、重複投票などの不正投票が根絶できる⑶疑問票や無効票がない⑷係員の大幅減。システムも比較的低価格で導入可能、選挙費用も大幅に削減できる、等々です。コンピューターの技術や普及が世界で屈指の日本が、「前例がない」だけの理由でロシアの一州に後れを取るとは、何とも情けない限りです。

（一九九八年九月十二日）

えん罪の防止を

兵庫県西宮市の知的障害者施設・甲山学園で、一九七四年に起きた甲山事件の犯人とされていた山田悦子さんの無罪が当然ながら九日に確定しましたが、山田さんの長年の支援者の一人として、ほっと一安心といったところです。しかし、最初の逮捕から二十五年間も刑事被告人の汚名を着せられ、逮捕や裁判に明け暮れた山田さんに、国はどんな償いをしても山田さんの二十五年間は絶対に取り返すことはできないと思うと、胸が痛むのは私だけではないでしょう。

私が山田さんのえん罪を最初に確信したのは、第一審判決の一年ほど前に「これから書き始めようとして、私に不安がないわけではない。果たして彼女の長い話を、一片の矛盾もごまかしも感じずに聴き通すことができるかどうか、いまの私に確信があるわけではないのだ。机の向こうに深い闇を見ているようなたじろぎと緊張がある」と書き出しにある松下竜一著の『記憶の闇』を読んだときからです。間もなく、このノンフィクションのとおり第一審も無罪判決となり、その後も山田さんは一度も有罪となったことはありません。十年ほど前に山田さんを徳島市での支援者集会にお迎えしてから、この確信は深まるばかりでした。

警察が当初から「保母が犯人」と断定した筋書きで、誤った「犯人づくり」に奔走したことが二十五年間も山田さんを苦しめたのです。その一つが密室での違法な取り調べでしょう。今後は、弁護人の接見を不当に制限するなど、違法な取り調べによる調書は裁判で証拠として認めないことや、自白などが被疑者の正常な意思表示としてなされたかどうかを裁判で厳しく検証ができるように、取り調べの全過程をビデオテープへの収録を義務付けるなどの法改正をしなければ、えん罪の防止はとうてい不可能ではないでしょうか。

（一九九九年十月十六日）

環境教育を憂う

フロンガスなどのオゾン層の破壊による癌の増加。二酸化炭素などによる地球の温暖化。酸性雨の被害、砂漠化、表土の流失、熱帯雨林の激減。ダイオキシンなどの有害化学物質による環境汚染と人体への悪影響。ダムなどによる河川の破壊から水の汚濁や海岸の浸食と、地球環境の破壊から生活環境の破壊まで、あらゆる環境破壊が暴走を続けていることは、いまさら言うまでもありません。

このように、将来人類が生き残れるのかどうかの瀬戸際に立たされていることは誰も否定できず、義務教育では環境最優先の教育が喫緊の課題であるのに、まことに恐るべき環境教育の実態を知るにつけ憂欝な毎日です。私も非常勤講師をしている室蘭工業大学の教授で『環境科学教授法の研究』（北海道大学図書刊行会）の大著の著者でもある教育学博士の丸山博先生によると、教科書の中には環境問題の本質をそらせたり、実態を隠蔽するような記述が多いという。

小学校四年生の教科書『社会4上』（教育出版・一九九五年文部省検定済み）「水はどこから」（一八〜三五ページ）を少し検証してみましょう。「わたしたちは、水の使用量がふえつづけていることを思い出し、水はまにあうのか、水源はあるのか心配になりました。（中略）これから先のことを考えると、水がなくなりそうです。そのため、宮が瀬ダムをけんせつして、貯水池をつくる工事を進めています」（二八ページ）と、ダムの環境破壊や節水などの記述はなく一方的にダム建設を肯定しています。また、通産省の統計でも全国的に水道水や工業用水は微増か横ばいないし減少気味（嶋津暉之著『水問題原論』）というのが実態です。

これでは、薬害エイズの厚生省や、最近やっと〝人気〟が出た大蔵省に続いて、今度は「文部省よ、お前もか」と言いたくなります。

（一九九八年二月二十八日）

ゼロ・エミッション

米や麦の摺《すり》カスといっしょに、家族の茶碗などを洗った水で味噌を溶き、五升ナベ（約十リットル）でグツグツ煮たのが「牛《うし》の水《みず》」です。五十リットルほどの大きな牛の煮物桶に入れた、里山や田の岸、畦から刈って来た草や藁などを細かく刻んだ上へ「牛の水」をどっぷりとかけて、柔らかく揉みほぐしたのが牛の朝食です。後は青草や干し草、藁や茅などを適度に牛小屋へ入れてやります。

草や藁を牛が糞尿といっしょに踏み固めたのが「牛屋肥《うっしゃごえ》」といって、干し草などに混ぜ発酵させて肥料を作る貴重品です。この「牛屋肥」を牛小屋から運び出す作業が「牛屋肥出し」です。ビチャビチャの牛の尿が顔へかかったり、糞尿を全身に浴びながらのとてもいやな作業で、風呂へ入っても牛の糞尿の匂いがなかなか体から落ちなくて、今思い出しても牛の匂いがしてきます。

田植えも牛と人力だけ。農薬も全くと言ってもよいほど使わないので、田の畦道を人が通るとイナゴが一度に何百匹も一斉に翔《と》びたっていました。これが三、四十年前までの木頭村など全国の農村の情景です。この欄にも書きましたが、捨てるゴミなどは茶碗のかけらか腐った釘ぐらいで、正に水田中心の「ゼロ・エミッション」であり、世界的に知られる自然農法実践家の福岡正信氏が提唱し数十年間実践しておられる「自然農法」に匹敵するものだったのです。

それが今はどうでしょうか。水田はやせ細り、米は金肥と農薬漬け。きゅうりに代表される野菜も、スーパーで売るときにカッコがよい、などのつまらない「市場原理」とかで真っすぐで農薬漬け。この代償はと言えば、全国の田畑の土はドイツのゴミの焼却灰の規制値すれすれまで、すでにダイオキシンに冒されているらしいから、何とも空恐ろしい限りです。

（一九九八年四月十一日）

ゴミ捨て場はない

日本では産業廃棄物も含め毎年五億トンものゴミが出されていると言われ、ゴミの捨て場もない自治体が多くなり、全国民的問題になっていることは周知の事実です。「木頭村は九十八％が山林で山に囲まれているのだから、ゴミ捨て場はどこへでもつくれるでしょう」と、町村会などでよく言われますがそう簡単にはいきません。

那賀川上流五カ町村のゴミや屎尿を処理する「丹生谷環境衛生組合」も、現在の最終処分場が間もなく満杯となり、町村長が一九九六年から何回となく鳩首《きゅうしゅ》を重ねていますが、解決のめどがいまだに立っていません。「ゴムのシートで焼却灰からの汚水は完全にタンクへ集め、普通の水になるまで責任をもちます」といくら説明をしても、「もし、ダイオキシンなどの有害物が流出したら、お前が土地を提供したからだ、と近所の人に責められる」と、最初は非常に協力的だった地主から言われた時にはほとほと困り果てました。

私が農林業の手伝いをしていた三十年ほど前には、ゴミのほとんどは畑へ捨てていました。「掃きだめ」と言って、あまり人が入らない竹やぶなどへ捨てるものは、堆肥などにもどうしても再利用できない、茶碗のかけらか腐った釘くらいでした。

それが何と最近では家庭などから出るゴミは、全国平均で一年間に赤ちゃんからお年寄りまで一人当たり約五百キログラムと言われています。一九九六年度のそれが約二百キログラムと半分以下の木頭村が加わっている「丹生谷環境衛生組合」でも、ゴミの焼却場などに最近数十億円をつぎ込んでいるのですから、他の自治体などがゴミにかけている費用は膨大な額だということは推して知るべしです。

ゴミの処分も重要ですが、最重要課題はどうしてゴミを出さない社会システムにするかです。それ以外にゴミを解決する手はありません。

（一九九七年十二月六日）

ゴミを出さない村に

木頭村など那賀川上流五カ町村のゴミや屎尿を処理する「丹生谷環境衛生組合」の、焼却灰の最終処理場が近く満杯となり、次の予定地が決まらず苦慮していることはこの欄でもご紹介のとおりです。

全国のほとんどの自治体でもゴミでは苦労され、膨大な費用をかけておられるところもあります。しかし、最終処分場を造ってもゴミの根本的な解決ではなく、最重要課題はどうしてゴミを出さない社会システムにするかです。

そうは言っても、社会システムを変えるには長期間を要します。そこで木頭村はできるだけゴミを出さないことを当面の目標に、「ゴミ・ゼロエミッション木頭村」を目指しています。

「丹生谷環境衛生組合」が木頭村で一年間に回収するゴミの総量は約四百三トンで、そのうち焼却している可燃ゴミは約二百四十五トンです。内訳は生ゴミが約二百トンですから、これを堆肥化するとゴミは約半分になります。

私案ですが、まず村内に七カ所ほどリサイクルステーションを設け、高速発酵機で生ゴミを一次発酵させます。これを一週間に一回ほど回収し、三カ月間ストックヤードで熟成、育成して堆肥として農家に配布します。次に、現在は少量ずつ回収し資源化されにくい、布、古着、新聞紙、段ボールなど可燃ゴミの残りの約四十五トンは、一カ月に一回程度にまとめて、古紙業者に資源化してもらいます。

この案を実行しますと、大阪ごみを考える会の試算では、可燃ゴミの減量率は実に七六・三%、問題の焼却灰の減量率はなんと七七・二%と驚くべき数字です。これらの経費はというと、年間わずか百五十五万円もあれば足りるとのことです。はやく村民の皆さんや議会とも十分相談をして「ゴミ・ゼロエミッション木頭村」に一歩でも近づきたいものです。

（一九九八年七月四日）

原爆とテロと

広島と長崎へアメリカ合衆国が原爆を落としてから今日で五十三年が過ぎましたが、今年までに原爆死没者名簿に記載された人は広島で二十万七千四十五人、長崎で十一万八千八百五十五人、合計三十二万五千九百人だという。私事で恐縮ですが、この中には共に広島で犠牲となり、被爆直後に死亡したわが家の相棒のおばあさんと、原爆症に苦しみながら十八年前に八十一歳で病死した養父も含まれています。

広島で四千九百二十七人、長崎で三千百八十六人、合計八千百十三人。これはこの一年間に原爆が原因で死亡したり新たに死亡が確認された人達です。一方、七日にケニアとタンザニアの、アメリカ合衆国大使館近くで同時に起きた大規模な爆発では十三日現在、負傷者約五千百人、死亡者二百五十四人と報じられています。この同時爆弾テロとも言われている、ケニアとタンザニアの無差別殺戮も絶対に許されないことは言うまでもありません。同様に、五十三年前、たとえ戦争とはいえ、世代間の後遺症や犠牲の程度も分からない新型爆弾・原爆の動物実験のように、お年よりから赤ちゃんまで兵隊でもない人を約三十三万人も殺し、そのうえ五十三年間も同時爆弾テロ以上に犠牲者を出し続けているアメリカ合衆国の原爆投下も絶対に許されないことです。

五月のインドとパキスタンの核実験も、もちろん非難すべきですが、それ以上にアメリカ合衆国の原爆投下の責任追及と、核軍縮に消極的なアメリカ合衆国などの核保有国に、核廃絶の筋道を明確にさせることが先決ではないでしょうか。もう一度恐縮ですが、家族が犠牲になった私が感情的で大人気なくて、アメリカ合衆国の原爆投下による無差別殺戮は良いことで、ケニアとタンザニアの同時爆弾テロだけが悪いのでしょうか。


（一九九八年八月十五日）

米軍機の低空飛行

「山崩れだと錯覚してチェーンソーを投げ捨て木から飛び降り、もう少しで大怪我をするところだった」「パイロットの顔がはっきり見え、小学校の校舎に墜落するのかと、とても怖かった」と多くの村民はまた墜落するのではないかと今も脅えています。足元へ雷が落ちたような、轟音《ごうおん》と共に地上百五十メートルほどの高さでジェット機が宙返りや急降下、危険な空中給油の訓練でトンボの交尾のように二機が連なって飛ぶなど、今は村内ではかなり上空ですが、湾岸戦争などの米軍機の低空飛行訓練が、一九九〇年ころから一九九七年まで多いときには一日に数回と、毎日のように村の低空で繰り返されたのです。

一九九四年十月に低空飛行の米軍機が高知県本山町にある四国で最大のダム・早明浦ダムへ

墜落、パイロット二人が死亡しました。木頭村で心配していたことがとうとう現実となったのです。

今週初め、この本山町で「米軍機低空飛行の被害関係者全国交流会」があり、北海道や広島などからの約二百人と共に私も参加しました。

この会で報告された元全国紙の記者で軍事リポーターの石川巌さんによると、スキー場のロープウェーのケーブルを米軍機が切断してゴンドラが落下し、乗客二十人全員が死亡する大惨事がイタリアで一九九八年二月に発生。それ以降イタリア国内では、事前に飛行計画を明示し、国や自治体の承認がなければ訓練飛行ができないことになり、事実上訓練飛行は全面的に中止されている。アメリカでは動物保護区などでも厳重に訓練飛行が規制されているのに、日本国内では、自動車でいえば無免許運転でも暴走運転でもやりたい放題というのが全国各地の米軍機の訓練実態であり、日本国民はアメリカの動物以下の扱いということでした。

（二〇〇〇年四月二十二日）

あとがき

読者の皆さんは最近の狂牛病、鯉ヘルペス、鶏インフルエンザ等についてどうお考えでしょうか。

私は動植物との共存共生を無視した現代の大量生産、大量消費、大量廃棄に組み込まれた食文化への警告と受け止めています。

私は、このコラムにも何度か書きましたように、田舎の千枚田の農家で、小学生の頃から農林業の手伝いに明け暮れて育ちました。田舎の農家は約三十年ほど前までは、自給自足に近い今で言うゼロ・エミッションの生活でした。当時の野菜は、例えば、キュウリは夏、ナスは夏から秋、シイタケは春と秋だけに採れる、いわゆる旬の食べ物でした。そして、野菜や果物は虫が付いているのが当たり前で、反対に虫が付いていない野菜や果物はどこを探してもありませんでした。今はビニールハウスでどんどん石油を燃やし、毎日のように消毒をした異常な野菜が当たり前のように食べられています。牛肉、豚肉、鶏肉の大量生産も同じようなものです。この狂牛病、鯉ヘルペス、鶏インフルエンザ等、全て異常な現代の食文化への警告だと私が受け止めるのは、単なる知識ではなく、上記のような自然と共生の生活体験によるものです。

市町村合併の理由である国が交付金などを出せないほど財政が逼迫した原因は、ダムなどの無駄な公共事業が大きな元凶です。なぜ無駄な公共事業が続くのかは、与党の選挙に公共事業が公然と利用されているのが大きな理由です。与党は都会では激減しているため、田舎の建設業者に選挙運動や献金の有形無形の圧力をかけ、その貢献度に応じて公共事業を配分するという悪循環を断ち切らなければなりません。

どれほどひどい公共事業がやられているか、具体的な金額などを上げて見ます。私が約三年前まで村長をしていた徳島県木頭村の年間の予算は約二十五億円でした。ところが、村内に六社ある建設業者の年間の請負額（村、県、国などの公共事業の）は何と約二十億円です。つまり、村の予算に匹敵するほどの公共事業が行われているのです。この公共事業の中には、那賀川の支流の小さな沢へ階段のように砂防ダムを造り、約二十年間に二百億円ほど使ったひどい所もあります。こんな無茶苦茶なことを、ほとんど建設業者に支えられた首長や議員が全国的にやっているのです。

国際比較でも日本の公共事業費は突出しています。例えば、経済開発協力機構（OECD）の調査によると、G7の日本以外の、米国、カナダ、英国、フランス、ドイツ、イタリアと比較すると、日本は国土面積で八十倍、可住面積で二百倍の公共事業費を使っています。つまり、外国では一億円使うところを、八十億円から二百億円も使うのが、日本の公共事業では日常茶飯事だということです。

上記の無茶苦茶な土建国家の頂点にいるのが、小泉政権です。それが、無駄な公共事業も財政逼迫で先が見え汚職政党も先がみえてきたので、次に目を付けたのが、軍国主義による戦争です。軍産政複合体の見本のような米国にもブッシュにも、政治哲学のかけらも無い小泉は願ったり叶ったりです。軍産政複合体で化石エネルギーにどっぷり浸かった米国は、世界の世論と欧州などの政策に逆行して、「環境は良くなっている」などと国ぐるみでデマ宣伝をしながら、「京都議定書」無視、風力など自然エネルギー開発などほとんど見向きもしない政策をとっています。これがイラク攻撃の真の理由です。どんなことがあっても石油が欲しいのです。この石油のためのイラク攻撃をごまかし「北朝鮮」を悪の枢軸だの核開発だのとブッシュは言っていますが、石油のない国を今さら攻撃する可能性は皆無と言っても過言ではないでしょう。

この小泉政権はあたかも国民の正当な付託があるかのように大きな顔をして、次々と勝手なことをやっていますが、これも小選挙区制という悪法によるごまかしです。この根拠は、二〇〇三年の衆議院選挙の各政党の獲得票を四百八十議席にすべて比例配分すると、自民党はわずか百六十八議席。民主党が百八十議席で政権交代しています。公明七十一議席、共産三十七議席、社民二十四議席となります。しかし、小選挙区制という、得票数に比例しない悪法が、自民・公明で二百七十四議席のごまかし小泉政権を造ったのです。上記のようにまともな比例配分では自民・公明は二百三十九議席で過半数にもなりません。

私は、選挙制度を中選挙区制などの得票に比例して（ごく当たり前のこと）国会議員を選出できるようにするため、今の悪法である小選挙区制を廃止しなければ、日本の政治は良くならないと考えます。根本が間違っていてはどうにもなりません。

このように、政治も経済も行き詰まったため、これらの打開策として戦前に逆戻りの海外へのいっそうの経済進出を目指して、米国との軍事同盟強化と経済進出の護衛の前哨が今回の有事関連法案の制定や憲法九条違反の自衛隊のイラク派兵にほかなりません。

一方、この政治不信と経済の行き詰まりによる社会不安に対しては、盗聴法（憲法違反）、住基法（徴兵制の準備）、個人情報保護法（個人情報悪用法）、暴対法改悪（暴力団の子分が違法なことをすると、子分かどうかなど曖昧な証拠で親分の責任が問える。将来は政党や労組などの組織に悪用の恐れあり）の動き等、国民の自由を奪うと同時に、管理強化が急速に進められています。

私も、もう黙って引っ込んでおれなくなりました。何としてもこのような無茶苦茶をまず国政レベルで立て直すことが、今一番に重要であり多くの心ある人達が切望されていることです。私も、微力を尽くしたいと存じますので、これからも宜しくお願い申し上げます。

緑風出版社長の高須次郎さん、同編集部の斎藤あかねさん、東京新聞、フォト・エコロジストの村山嘉昭さん、香川県議の石井亨さん、玄番隆行さん、玄番真紀子さん、きとうむらの栗原広之さん、みどりの会議の田中信一郎さん、ダム日記など十年近くご支援を頂いている政野淳子さんには、本書の企画から、写真、イラスト、ゲラ直しなど全面的にお世話になりました。

短期間に本書ができたのも、皆様方の私への厚いご支援の賜物と感謝を申し上げます。

資料

資料1　「ダム等事業審議委員会」と木頭村から始まったダム見直しの流れ

ダム等事業審議委員会　一九九五年五月二十二日、長良川河口堰の本格運用が開始された。川辺川ダム（熊本）、苫田ダム（岡山）、細川内ダム（徳島）、徳山ダム（岐阜）など各地の反対運動を背景に、建設省（現、国土交通省）に対する全国的な批判が高まった。これに対し、六月、野坂浩賢建設大臣（当時）が「ダム建設に対する評価システムを新設する方針」を発表し、七月に建設省通達により「試行」されたのが「ダム事業等審議委員会」である。十四事業に設置が予定された中で、木頭村の細川内ダム審は、唯一、藤田恵村長（当時）および議長の参加拒否により設置されなかった（第一章の**表1**および**資料2**参照）。

ダム総点検　一九九七年度からは、全ダム事業を対象に建設省内で評価を行い、一部事業に休止・中止措置がとられた。

公共事業の再評価制度　一九九八年度からは、橋本龍太郎総理大臣（当時）の指示により「公共事業再評価制度」が開始され、一部ダム事業に休止・中止措置がとられた。対象事業は、⑴予算上の建設段階に入って五年間経過時点で、補償基準が未妥結または工事未着手の事業、⑵予算上の建設段階に入って十年間経過時点で、継続中の事業、⑶予算上で実施計画調査の段階にあるもので、五年間経過した事業、⑷社会経済情勢の急激な変化等により見直しの必要が生じた事業。

与党三党の中止勧告　二〇〇〇年八月末、自民・公明・保守三与党は独自基準に基づき、政府に二百三十三の公共事業の中止勧告を行った。対象は⑴採択後五年以上経過して未着工の事業、⑵完成予定から二十年経過して未完成の事業、⑶政府の公共事業再評価制度で休止とされている事業、⑷実施計画調査の着手後、十年以上経過して未採択の事業である。勧告を受け、事業者（各地方整備局と都道府県）はそれぞれの事業評価監視委員会に諮問し、その答申により中止等の措置をとった。

中止ダム事業　上記「ダム審」「ダム総点検」「公共事業再評価制度」「与党三党の中止勧告」により中止されたダムは六十四事業に上る。一九九七年度四事業、一九九八年度三事業、一九九九年度四事業、二〇〇一年度三十二事業、二〇〇二年度三事業、二〇〇三年度十二事業、二〇〇四年度六事業。生活貯水池（総貯水容量 百万立方メートル未満）を含めると中止事業は九十四事業に上る。木頭村の細川内ダム中止はまさにその先陣だった。

（「水源開発問題全国連絡会二〇〇三年度総会資料」より作成）

水源開発問題全国連絡会
ＴＥＬ〇三―五二一一―五四二九
ＦＡＸ〇三―五二一一―五五三八

資料2　「細川内ダム事業審議委員会」参加を巡る八条件（一九九七年）

「細川内ダム事業審議委員会」の設置をめぐり、一九九七年五月二十八日、藤田恵 木頭村長（当時）は圓藤寿穂・徳島県知事（当時）と徳島県庁でトップ会談を行った。藤田はダム審参加の八条件を提示し、その全てが整うことを参加の条件とした。圓藤はその場で前向きな見解を示した上、六月六日に文書で正式に回答。七月十一日、藤田は県回答六項目に条件を再提示。県は七月二十五日に回答を明らかにしたが、第一項目についてはあくまで「行政委員」にこだわり、「委員の半数を村が選ぶ」に応じなかったため、水没予定地自治体である木頭村からの審議委員の参加が得られず、設置が不可能となった。その他の条件を国と県が満たしていく中で、細川内ダム事業そのものが後退を始め、村は、ついに一九九七年に一時休止、二〇〇一年に完全中止を勝ち取った。

項目	木頭村長が提示した条件 五月二六日	徳島県知事からの正式回答 六月六日	木頭村長からの再提示 七月一一日	徳島県知事の回答 七月二五日
1	委員の半数を村が選ぶこと。	学識経験者の半数は木頭村長から申し出のあった人。行政委員は知事・県議代表、木頭村長・村議代表、流域市町村の首長または同議会の代表を上中流域と下流域に分け、両地区委員は同数とする。	委員は、環境学、会学、民族学などの学者の中からも幅広く委員を構成する。	今後、具体的な人選を進めていく中で協議したい。

2	「細川内ダム建設」を、県から国への最重要要望事項から取り下げること。	審議委の結論が出るまでは、国に対し細川内ダム建設促進そのものを要望しない。	国に対し、審議委の設置運営に必要な額以外の予算を要求しない。	那賀川の治水・利水の安全度向上や河川環境改善は重要課題。県は審議委運営の必要予算と同水系を所管する事務所設置を国に要望した。
3	建設省の細川内ダム工事事務所（阿南市）と県が設置した生活相談準備所（木頭村）を撤去すること。県の細川内ダム関連予算六八〇〇万円（九七年度当初）を凍結すること。	工事事務所については建設省に伝える。県の生活準備相談所は「行政相談窓口（仮称）」として改組。審議委の結論が出るまでは予算執行しない（同六月一〇日亀井建設大臣が「細川内ダム工事事務所廃止」を表明）。	①建設省の細川内ダム工事事務所と、県の生活相談準備所は、看板の架け替えでなく、完全撤退を確保する。 ②県の細川内ダム予算は、「九七年分は執行せず、九八年分は計上しない」を確約する。	①工事事務所は廃止。県生活相談準備所は、総合的な行政相談窓口に改組。ただし、名称や運営等は村の意見を尊重したい。 ②本年度の県関係予算は凍結。来年度以降は審議委の結論が出るまで計上しない。
4	一九九五年七月県議会の土木委員会で、県土木部長らが審議委を「基本計画策定までの一つの手続き」であるとした答弁は、「中止も含めて再検討する」とした審議委の趣旨を否定するものだから、答弁を取り消すこと。	審議委は建設を前提に審議する場ではなく、那賀川全体の治水・利水・環境について、代替案も含めて審議する場として設置。ダム建設の実施、中止、変更のいずれの場合もあることを改めて確認する。	県議会土木委における県幹部発言は、審議委の目的や役割を否定したものではないとする知事回答はおおむね了解するが、今後は知事答弁と県幹部発言の食い違いがないように配慮してほしい。	審議委は、那賀川全体の治水・利水・環境について、ダムの代替案も含めて幅広く審議する場として設置する。ダム建設の実施、中止、変更のいずれの場合もあるという基本的な考えに何ら変わりはない。

5	建設省が一九七二年度から細川内ダム関連予算として執行してきた約五〇億円の具体的な使途を明らかにすること。	建設省の予算であるから、趣旨は建設省に伝える。	①建設省が執行した約五〇億円の使途は、水分調査など項目別に内容と調査結果をより具体的に公開すること。 ②生活再建対策費の支出先、金額、年月日を公開すること。細川内ダムに関する県予算についても同じ。	建設省関連予算については、再度その趣旨を同省に伝える。県の細川内ダム関連予算は公開済み。（先例地調査」として二二ヵ所の視察費用など）
6	村内の公共事業などの締め付けをせず、国道一九五号の未改良区間（約四km）早期に改良すること。	公共事業費は必要性や緊急性等に配慮して、適切に執行しており、今後とも、村から公共事業に対する要望があれば十分意見を聞く。国道一九五号の約四・一kmについては現在までに約一・九kmが改良済み。残る区間約二・二kmは、大型バスの通行困難個所等の緊急に整備を要する区間から、村の全面的な協力を得ながら、改良を進めていく。	①公共事業締め付けについて村内業者は「直接間接に言われた」と異口同音に不平をもらす。知事が否定しても不信が増大するので、業者に説明するなどして不信感を払しょくして欲しい。 ②国道一九五号は本格的な国道規格への改善を求めており、知事回答の「鋭意進めていく」では納得できない。年次計画を立て「何年後に完了する」	①公共事業費は必要性や緊急性等に配慮し、適切に執行しており、今後とも、村から公共事業に対する要望があれば十分意見を聞く。 ②改良区間約二・二kmのうち、大型バス通行が困難な六カ所、約七〇〇mは村の協力を前提として今後五カ年程度をめどに整備。その後、残る未改

		国にも要望する。	と約束してほしい。	良区間も二車線化を目指して鋭意改良を進める。
7	審議委の全面公開を保証すること。	審議委が判断するが、知事は、委員の一人として努力する。		
8	審議委の結論は多数決方式にせず、一つにまとまらなかったり異論が出たりした場合はそれらを併記すること。	審議委が判断するが、知事は、委員の一人として努力する。		

参考・徳島新聞など

資料3　徳島県木頭村ふるさとの緑と清流を守る環境基本条例

（一九九四年十二月十九日制定）

豊かで広大な森林とこれに源を発する那賀川の清流は、村の全ての生命の源である。我々村民は、この緑と清流に幼い頃から親しみ、この自然環境とともに育ち、生活している。しかるに近年の経済社会の変化の中で、このふるさとの自然が次々と壊されようとしている。

環境は無限ではない。我々村民は、美しい自然環境に恵まれた村の環境を誇りに思うとともに、いまこそ森や川の持つ自然の生態系としての意義を認識し、人と自然とが共生していける村の豊かな環境が、現在及び将来の世代のあらゆる人々のために継承されるよう努めなければならない。

ここに我々村民は、豊かな自然環境に恵まれた村が将来にわたって持続し発展していくことを目指すとともに、ふるさとの緑と清流を守るため、この条例を制定する。

第1章　総則

（目的）

第1条　この条例は、緑と清流に恵まれた村の良好な環境の確保に関する施策の基本的な事項を定め、もって現在及び将来の村民の健康で文化的な生活の確保に寄与するとともに、地球環境の保全に貢献することを目的とする。

（定義）

第2条　この条例において「良好な環境」には、村民が親しみ培ってきた森林、渓谷等の自然景観及び郷土景観を含む。

2　この条例において「環境への負荷」とは、人の活動により環境に与えられた影響であって、環境保全上の支障の原因となるおそれのあるものをいう。

3　この条例において「公害」とは、環境の保全上の支障のうち、事業活動その他の人の活動に伴って生ずる大気の汚染、水質の汚濁、土壌の汚染、騒音、振動、地盤の沈下、悪臭、及び川床の堆砂によって、人の健康又は生活環境（人の生活に密接な関係のある財産並びに人の生活に密接な関係のある動植物及びその生育環境を含む。以下同じ）に係る被害が生じることをいう。

（基本理念）

第3条　環境保全は、村民が健康で安全かつ快適な生活を営む上で必要とする良好な環境を確保し、これを将来の世代に継承できるように適正に行わなければならない。

2　環境保全とは、人と自然とが共生し、緑と清流に恵まれた村の良好な環境を維持するため、事業活動その他の活動による環境の保全上の支障が未然に防がれることを目的として、行わなければならない。

3　環境の保全は、村の良好な環境を保全することが地球環境の保全に寄与することを旨として行わなければならない。

（環境権）
第4条　すべての村民は、その生命、財産の安全と健康な心身を保持し、快適な生活を営むための良好な環境を享受する権利を有する。

（村の責務）
第5条　村は、村の良好な環境を確保し、村民の健康で安全かつ快適な生活を実現するための施策を策定し、及び実施しなければならない。

（事業者の責務）
第6条　事業者は、その事業活動を行うに当たっては、公害を防止し、または自然環境を適正に保全するために、必要な措置を講ずる責務を有する。
2　前項に定めるもののほか、事業者は、その事業活動に関し、これに伴う環境への負荷の低減その他の環境の保全に自ら努めるとともに、村が実施する環境保全に関する施策に協力する責務を有する。

（村民の責務）

第7条　村民は、良好な環境の保全に関する認識を深め、その日常的に行う環境への負荷の低減その他の環境保全に自ら努めなければならない。
2　村民は、村が実施する環境保全に関する施策に協力する責務を有する。

(村を訪れた者の責務)
第8条　観光客その他の村を訪れた者は、みだりに河川等に廃棄物を捨て、又は放置して、村の良好な環境を損なってはならない。

(法制上及び財政上の措置)
第9条　村は良好な環境を保全するために必要な法制上又は財政上の措置を講じなければならない。

第2章　環境基本計画

(環境基本計画の策定)
第10条　村長は、環境保全に関する施策の総合的かつ計画的な推進を図るため、木頭村環境基本計画(以下「基本計画」という)を定めなければならない。
2　基本計画は、次に掲げる事項について定めるものとする。
(1)　環境の保全に関する目標
(2)　環境の保全に関する施策の方向

(3) 環境の保全に関する配慮の指針
(4) 前三号に掲げるもののほか、環境の保全に関する重要事項
3 村長は、基本計画を定めるに当たっては、あらかじめ村民の意見を反映するために必要な措置を講ずるものとする。
4 村長は、基本計画を定めるに当たっては、あらかじめ木頭村環境審議会の意見を聞かなければならない。
5 村長は、基本計画を定めたときは、速やかにこれを公表しなければならない。

(環境審議会)
第11条 村長の付属機関として、木頭村環境審議会（以下「審議会」という）を置く。
2 審議会は、次に掲げる事務をつかさどる。
(1) 環境基本計画に関し、前条第4項に規定する事項を処理すること
(2) 環境基準に関し、第12条第2項に規定する事項を処理すること
(3) 村長の諮問に応じ、環境の保全に関する基本的事項を調査審議すること
(4) 前三号に掲げるもののほか、他の条例の規定によりその権限に属させられた事務
3 審議会は、委員十人以内で組織する。
4 特別の事項を調査審議させるため必要があるときは、審議会に特別委員を置くことができる。
5 委員及び特別委員は、環境の保全に関して優れた見識を有する者の内から、村長が任命する。
6 委員の任期は二年とし、補欠委員の任期は前任者の在任期間とする。ただし、再任を妨げな

い。

7　委員は、職務上知りえた秘密を漏らしてはならない。その職を退いた後も、同様とする。

8　前各項に定めるもののほか、審議会の組織及び運営に関し必要な事項は、規則で定める。

第3章　環境基準等

第12条　村長は、自然環境を保全するために維持することが望ましい環境基準を定めることができる。

2　村長は、前項の環境基準を定めるに当たっては、環境審議会の意見を聞かなければならない。

3　村長は、第1項の環境基準を定めるときは、告示しなければならない。

4　前2項の規定は、第1項の環境基準の変更又は廃止について準用する。

（環境影響評価）

第13条　村の環境に影響を及ぼすおそれのある事業を行おうとする者は、別に条例で定めるところにより、あらかじめ複数の事業計画を用意した上で、その環境に及ぼす影響の内容及び程度を個別に評価し、並びにこれらを相互に比較検討しなければならない。

2　前項の評価及び比較検討（事項において「環境影響評価」という）に際しては、当該事業の環境に及ぼす影響に関する情報が村民に対し十分に提供されるとともに、村民の意見を述べる機会が保障されなければならない。

3　環境影響評価が適正に行われるとともに、これに係る事業計画を逸脱した事業が行われることのないよう、必要な指導及び監督が行わなければならない。

（特定施設等についての措置）

第14条　村は、村民の環境権の享受に著しい影響を及ぼすおそれのある特定の施設、事業等に関し、必要な規制の措置を講ずるものとする。

（調査及び研究の実施）

第15条　村長は、環境保全に関する施策を適正に実施するため、公害の防止、自然環境の保全に努めなければならない。

（規則への委任）

第16条　この条例の施行に関し必要な事項は、規則で定める。

付則

この条例は、公布の日から施行する。

資料4　木頭村ダム建設阻止条例（一九九四年十二月十九日制定）

国や徳島県は木頭村に細川内ダムという巨大ダムを建設しようとしている。しかし村はこの計画が明るみに出て以来、今日まで二十年以上の間その建設に反対してきた。それはダムの建設が、美しい那賀川の清流とその源である豊かで広大な森林を失わせるだけでなく、ダムの堆砂等により水害の危険を増大させ、村民の安全で快適な生活をおびやかすからである。またダムはごく近い将来、堆砂によりその役目を果たすことができなくなり、それはもはやコンクリートの塊としての廃棄物そのものとなる。そして何よりも、ダムの建設が、これまで自然と共に暮らしてきたわれわれ村民の生き方を変え、それが過疎化を進行させて村を衰退させることは、我が国での多くの実例がはっきりと示しているとおりである。

村に巨大ダムはいらない。村は、将来の村民のためにも、これからも美しい森と清流と共に生きていくことを自治権の主体として選択する。ここに村は、ダムなしで村の持続的発展を図ることがわれわれの最善の途であることを宣言し、ダム建設阻止のための方策をすすめるため、本条例を制定する。

（目的）

第1条　この条例は、村におけるダムの建設の阻止に関し必要な事項を定めることにより、村の良好な環境を保全するとともに、自然と共生した村の持続的発展に資することを目的とする。

（村の責務）

第2条　村は、ダムの建設が村の良好な環境を破壊し、かつ、村の過疎化を進行させるものであることにかんがみ、その建設を阻止するための諸施策を講ずるものとする。

（ダム建設の届出）

第3条　村の地域内においてダム（河川の流水を貯留し、又は取水するため設置されるダムで、基礎地盤から堤頂までの高さが十五メートル以上のものをいう。以下同じ。）を建設しようとする者（以下「事業予定者」という。）は、規則で定めるところにより、当該ダムに係る建設目的、建設計画、規模、構造その他規則で定める事項に関する資料を添付した上で、村長に対し届出なければならない。

（ダム建設に関する調査）

第4条　村長は、前条の届出があったときは、ダム建設影響評価審議会に対し、当該届出に係るダムの建設により村に生ずる自然的又は社会的影響、及び当該ダムの必要性に関する事項の調査及び審議を諮問しなければならない。

（ダム建設についての中止勧告）

第5条　村長は前条の調査の結果に基づき、事業予定者に対し、当該ダムの建設の目的に係る治水又は利水についての代替案を示した上で、ダムの建設の中止を勧告することができる。

2　村長は、事業予定者が第3条の届出をせず又は前項の勧告に従わなかったときは、その旨及び経緯を公表することができる。

（ダム建設関連予定地域の指定）

第6条　村長は、ダムを建設するために事業予定者が買い取ることが予想される土地を含む地域を、ダム建設関連予定地域として指定することができる。

（土地譲渡の届出）

第7条　ダム建設関連予定域内の土地の所有者は、当該土地を譲渡しようとするときは、村長に届出なければならない。

（譲渡人のあっせん）

第8条　村長は、前条の届出があった場合において、特に必要があると認めるときは、規則に定めるところにより、当該届出をした者に対し、譲渡人をあっせんすることができる。

第9条　村は、規則で定めるところにより、ダム建設関連予定地域の土地の所有者の委任を受けて、事業予定者によるダム建設に係る用地の取得に関する一切の事項について、事業予定者と交渉を行うことができる。

（ダム建設影響評価審議会）

第10条　村長の諮問機関としてダム建設影響審議会（以下「審議会」という。）を設置する。

2　審議会は、第4条の規定による調査及び審議を行うほか、ダムの建設により当該ダムの存する市町村に生じた自然的又は社会的影響について、全国的な調査並びにダムの建設以外の方法による治水、利水及び地域振興に関する研究を行い、村長に対し提言を行うものとする。

3　審議会は委員十人以内で組織する。

4　審議会の委員は、学識経験者、村民及び当該ダムの建設目的に関連する市町村の住民のうちから村長が任命する。

5　審議会の委員の任期は二年とする。ただし、再任を妨げない。

6　補欠委員の任期は前任者の残任期間とする。

7　審議会は、必要があるときは、関係者に対し、意見又は資料の提出を求めることができる。

8　前各項に定めるもののほか審議会の組織及び運営について必要な事項は、規則で定める。

（ダムなしの村づくり地域振興計画）

第11条　村は、ダムの建設以外の方法による村の発展を図るため、他に条例で定めるところにより、村づくり地域振興計画を定めるものとする。

（ダムの建設の影響についての知識の普及等）
第12条　村は、ダムの建設を阻止することの必要性について村民その他の者の理解を深めるため、シンポジウムの開催、広報活動等を通じて、ダムの建設が引き起こす自然的又は社会的影響に関する知識の普及、及び情報の提供に努めなければならない。

（規則への委任）
第13条　この条例の施行に関し必要な事項は、規則で定める。

附則
この条例は、公布の日から施行する。

資料5　細川内《ほそごうち》ダム関連年表

一九七一年	七月	徳島県議会で細川内ダム建設計画が表面化
一九七三年	十二月	国が一九七四年度予算として細川内ダム調査費一億八千万円を認める
一九七六年	十二月	木頭村議会が細川内ダム反対決議を可決
一九七九年	三月	木頭村議会が細川内ダム調査事務所撤去要求決議を可決
	三月	木頭村議会が小見野々ダム撤去要求決議を可決
一九九一年	三月	木頭村議会が細川内ダム建設計画の白紙撤回要求決議を可決
一九九一年	十一月	細川内ダム建設計画白紙撤回要求決議の放置を理由に村議会が議長不信任を可決
一九九一年	十二月	国が一九九二年度予算として細川内ダム建設事業費四億円を認める
一九九三年	一月	細川内ダム反対同志会が村議会議員五人のリコールの住民署名集めを申請
	三月	前村長辞職
	四月	藤田恵が木頭村長に就任
	十一月	木頭村長・村議が圓藤寿穂・徳島県知事と会談し、調査の「一時凍結」を約束させる
一九九四年	十月	木頭村長・議長が野坂浩賢建設大臣にダム計画中止を要望
	十二月	「木頭村ダム建設阻止条例」と「木頭村ふるさとの緑と清流を守る環境基本条例」を制定
一九九五年	六月	建設省が「細川内ダム事業審議委員会」設置を発表するが、「ダム審議委員の半数を村に選ばせること」などの条件を満たさない限りは参加せず、と木頭村長・議長は審議入りを拒否
	十二月	会計検査院が細川内ダムを「効果があがっていない」と指摘
	十二月	木頭村議会が「村総合振興計画」（いわゆる「ダムなし振興策」）を可決

一九九六年	三月	木頭村議会が第三セクター「木頭ヘルシック」（現「きとうむら」）の設立出資予算を可決
	五月	木頭村長は「ダム建設の時代は終わった」米国の水政策を勉強のため、米国大統領府、開墾局を国会議員や大学教授と共に訪れた
	十月	「ダムに頼らない村づくり」として、「木頭ヘルシック」創業開始。藤田恵が社長に就任（無報酬）
一九九七年	三月	亀井静香建設大臣が「牛のよだれのように引きずるというのはおかしな話」と国会答弁
	三月	木頭村議会で、ダム容認派村議が住民によるリコールで失職
	四月	藤田恵村長が無投票再選
	五月	「細川内ダム事業審議委員会」をめぐり、藤田村長は徳島県知事と会談し、参加条件の八条件を提示（**資料2参照**）
	六月	亀井建設大臣が「細川内ダム工事事務所廃止」表明
	八月	亀井建設大臣が「細川内ダム事業を一時休止・一九九八年度予算をゼロ」と記者会見で発表。藤田村長は「事実上の中止」と本内放送
二〇〇〇年	八月	建設省四国地方建設局が「細川内ダム計画中止」を正式表明。藤田村長による八年に渡る「細川内ダム計画阻止」公約の完全達成！
二〇〇一年	四月	「ダムは終わった」と公共事業誘致を訴えた村長選対抗馬に藤田恵が僅差で破れる
	六月	「きとうむら」が第三セクターから、村民有志による「村民セクター」に
二〇〇二年	六月	「きとうむら」の初「黒字」（二〇〇一年度）を見届け、藤田恵は社長を辞任
	八月	藤田恵の木頭村長時代の活動に対し、「公害Gメン」の活動・精神を伝える「田尻賞」が授与される

［著者略歴］

藤田　恵（ふじた　めぐみ）

前・木頭村長。1939年徳島県木頭村生まれ。中央大学法学部卒業。ＮＴＴ職員、毎日新聞特約記者などを務める。93年、国の「細川内ダム建設計画」反対を公約に村長に就任。94年、「木頭村ダム建設阻止条例」など条例でダム計画から村を守る独自の政治手法を展開。全国のダム反対運動や環境保護運動の担い手、国会議員、マスコミに積極的にアピールして支援を広げ、同ダム計画を、97年に「一時休止」に、2000年に巨大ダムとしては日本の行政史上で初めて「中止」へと導いた。一方、「ダムに頼らない村づくり計画」として96年から木頭ユズなど特産を生かした製品販売を行う第三セクターを設立（後に村民セクター）、社長として陣頭指揮をとった。現在は各地で講演活動などを展開中。『ゆずの里村長奮戦記』（悠飛社）など著書多数。

http://www.fujitamegumi.com/

脱《だつ》ダムから緑《みどり》の国《くに》へ

2004年5月31日　初版第1刷発行　定価1600円十税

著　者　藤田　恵©

発行者　高須次郎

発行所　緑風出版
〒113-0033　東京都文京区本郷2-17-5　ツイン壱岐坂
[電話] 03-3812-9420　[FAX] 03-3812-7262
[E-mail] info@ryokufu.com
[郵便振替] 00100-9-30776
[URL] http://www.ryokufu.com/

装　幀　堀内朝彦
写　植　R 企 画
印　刷　モリモト印刷　巣鴨美術印刷
製　本　トキワ製本所
用　紙　大宝紙業　E2000

Printed in Japan　ISBN4-8461-0408-7　C0036

政治が歪める公共事業
——小沢一郎ゼネコン政治の構造

久慈 力・横田 一共著

四六判並製
二一六頁
1900円

政・官・業の癒着によって際限なくつくられる無用の〝公共事業〟が、列島の貴重な自然を破壊し、国民の血税をゼネコンに流し込んでいる！ 本書はその黒幕としての〝改革者〟小沢一郎の行状をあますところなく明らかにする。

環境を破壊する公共事業

『週刊金曜日』編集部編

四六版並製
二八八頁
2200円

その利権誘導の構造、無用・無益の大規模開発を無検証に押し進めることで大きな問題となっている公共事業。本書は全国各地の現場から公共事業を取材、おもに環境破壊の視点から問題点をさぐり、その見直しを訴える。

セレクテッド・ドキュメンタリー
地すべり災害と行政責任
長野・地附山地すべりと老人ホーム26人の死

内山卓郎著

四六判並製
二八八頁
2200円

'85年長野市郊外の地附山で、大規模な地滑りが特別養護老人ホームを襲い、二六名の死者がでた。行政側は自然災害、天災であると主張したが、裁判闘争によって行政の過失責任が明らかとなる。公共事業と災害を考える。

大規模林道はいらない

大規模林道問題全国ネットワーク編

四六判並製
二四八頁
1900円

大規模林道の建設が始まって二五年。大規模な道路建設が山を崩し谷を埋める。自然破壊しかもたらさない建設に税金がムダ使いされる。本書は全国の大規模林道の現状をレポートし、不要な公共事業を鋭く告発する書！

検証・リゾート開発［西日本篇］

リゾート・ゴルフ場問題全国連絡会編

四六判並製
三三六頁
2500円

日本の残り少ない貴重な自然を破壊し、また景気の不振によって事業自体が頓挫し、自治体に巨大な借金を残しているリゾート開発。東日本篇に引き続き、中部・近畿・中国・四国・九州・沖縄の各地方における開発の惨状を検証する。

◎緑風出版の本

■全国のどの書店でもご購入いただけます。
■店頭にない場合は、なるべく書店を通じてご注文ください。
■表示価格には消費税が転嫁されます。

緑の政策事典

フランス緑の党著／真下俊樹訳

A5判並製
三〇四頁
2500円

開発と自然破壊、自動車・道路公害と都市環境、原発・エネルギー問題、失業と労働問題など高度工業化社会を乗り越える新たな政策を打ち出し、既成左翼と連立して政権についたフランス緑の党の最新の政策集。

政治的エコロジーとは何か

アラン・リピエッツ著／若森文子訳

四六判上製
二三二頁
2000円

地球規模の環境危機に直面し、政治にエコロジーの観点からのトータルな政策が求められている。本書は、フランス緑の党の幹部でジョスパン首相の経済政策スタッフでもある経済学者の著者が、エコロジストの政策理論を展開する。

バイオパイラシー

グローバル化による生命と文化の略奪

バンダナ・シバ著　松本丈二訳

四六判上製
二六四頁
2400円

グローバル化は、世界貿易機関を媒介に「特許獲得」と「遺伝子工学」という新しい武器を使って、発展途上国の生活を破壊し、生態系までも脅かしている。世界的な環境科学者・物理学者の著者による反グローバル化の思想。

ウォーター・ウォーズ

水の私有化、汚染そして利益をめぐって

ヴァンダナ・シヴァ著　神尾賢二訳

四六判上製
二四八頁
2200円

水の私有化や水道の民営化に象徴される水戦争は、人々から水という共有財産を奪い、農業の破壊や貧困の拡大を招き、地域・民族紛争と戦争を誘発し、地球環境を破壊するものだ。水戦争を分析、水問題の解決の方向を提起する。